Süßes

aus dem Orient

Aus dem Französischen übersetzt von Helmut Ertl
Redaktion: Silvia Rehder
Korrektur: Petra Tröger
Umschlaggestaltung: Caroline Georgiadis
Herstellung: Dieter Lidl
Satz: satz & repro Grieb, München

Copyright © 2000 der deutschsprachigen Ausgabe
by Christian Verlag, München

Die Originalausgabe mit dem Titel *Délices d'Orient* wurde erstmals
im Jahr 2000 im Verlag Éditions Plume, Paris, veröffentlicht

Copyright © 2000 für Text und Fotos: Éditions Plume, Paris
Copyright © 2000 für die Illustrationen: S. 9, 23: Giraudon; S. 27, 29, 33: Bridgeman-Giraudon;
S. 17, 30/31, 59: Roger-Viollet; S. 24: A. Guillard – Ville de Nantes – Musée des Beaux-Arts;
S. 34: Francesco Venturi; S. 60, 73, 77, 80, 83: ARC Édition; S. 89: Bibliothèque nationale de Paris

Druck und Bindung: JCG, Barcelona
Printed in Spain

Alle deutschsprachigen Rechte vorbehalten

ISBN 3-88472-426-6

HINWEIS

Alle Informationen und Hinweise, die in diesem Buch enthalten sind, wurden vom Autor
nach bestem Wissen erarbeitet und von ihm und dem Verlag mit größtmöglicher Sorgfalt überprüft.
Unter Berücksichtigung des Produkthaftungsrechts müssen wir allerdings darauf hinweisen, dass
inhaltliche Fehler oder Auslassungen nicht völlig auszuschließen sind. Für etwaige fehlerhafte Angaben
können Autor, Verlag und Verlagsmitarbeiter keinerlei Verpflichtung und Haftung übernehmen.

Korrekturhinweise sind jederzeit willkommen und werden gerne berücksichtigt.

Text
Mathilde Chèvre
Rezepte
Zeïneb Dhaoui-Bauer
Fotos
Jean-Marie del Moral
Stylist
Mario de Castro

Süßes
aus dem Orient

50 REZEPTE

ARABISCHE &
JÜDISCHE
TRADITIONEN

CHRISTIAN VERLAG

Inhalt

Einführung

Süßes Gebäck heißt im Arabischen *halawa*. Das Wort kann jedoch ebenso Güte, Anmut oder gar Raffinesse bedeuten. Wenn Ihnen also eine arabische Dame ein Stück Gebäck anbietet, so schenkt sie Ihnen zugleich von ihrer Anmut und ihrer Güte!

Von den Küsten des Mittelmeeres bis an die Ufer des Euphrat begleiten Tee, Kaffee und süße Leckereien den Alltag. Sie werden stets mit einem gewissen Ritual gereicht, das sich an einem niedrigen Tisch oder schlicht auf dem Boden um ein Tablett herum vollzieht. Es ist praktisch undenkbar, dass man ein Haus oder ein Zelt betritt, ohne vom Hausherrn sogleich zu einem Glas Tee oder Kaffee, einem Zitronensaft oder einem anderen erfrischenden Getränk eingeladen zu werden. Dazu gehört auch stets ein kleiner Teller voller Gebäck und getrockneter Früchte, den die Dame des Hauses eilenden Schrittes aufträgt.

Gäste mit kleinen Leckereien zu erfreuen bereitet Vergnügen. Doch es erfüllt auch eine soziale Aufgabe. Es ist Ausdruck der Achtung des anderen und Zeichen des eigenen Stolzes. Ein Gast gilt in der Tat als heilig, denn schließlich ist er ein „Gesandter Gottes". Auch ein Freund oder ein Nachbar ist heilig. Ein Sprichwort sagt: „lieber einen Freund in der Nähe als einen Bruder in der Ferne". Und schließlich, so wollen es Tradition und Sprichwörter, ist auch die Achtung der herrschenden Regeln heilig: „Entweder du tust es deinem Nachbarn gleich, oder du bleibst besser in der Abgeschiedenheit deines Hauses." So knüpft sich das Band zwischen süßem Gebäck, wohlwollender Güte und sozialer Etikette zum Ritual des ganz alltäglichen Miteinander.

Mit einem Stück Gebäck oder Kuchen bringt der Gastgeber jedoch nicht nur seine Gastfreundschaft zum Ausdruck. Er stellt seinem Gast auch eine Reihe günstiger und heilbringender Wirkungen in Aussicht, die, so sagt man, von den Süßspeisen und ihren Zutaten ausgehen. So sollen Feigen die Fruchtbarkeit fördern, Datteln Reichtum und Milch Läuterung bringen.

Mag der Ursprung dieses Glaubens auch in Vergessenheit geraten sein, die Bräuche sind geblieben und bestimmen weiterhin den Rhythmus religiöser und familiärer Feste. An solchen Festtagen übertreffen die Frauen sich gegenseitig mit ihrem Können; und ob bei den Berbern in der Steppe oder bei den Nomaden der Wüste, oft macht die Fülle der süßen Köstlichkeiten in nur wenigen Stunden die Entbehrungen vieler Monate vergessen. An gewöhnlichen Tagen beschränken sich die Leckereien zumeist auf ein paar Datteln oder einige Grießbällchen, mit zerlassener Butter und Honig beträufelt, oder einen einfachen, in Milch getunkten Fladen. Doch sobald die Zeit des Feierns gekommen ist, öffnen die Frauen die Schatztruhen ihrer Rezepte.

Die Kunst des Kochens und Backens ist Sache der Frauen. Ein Mädchen verbringt seine ganze Kindheit damit, in der komplizenhaften Verschwiegenheit der heimischen Küche die kulinarischen Geheimnisse seiner Vorfahren zu entdecken. Dort lernen und üben die Mädchen all die Handgriffe, die schon Generationen von Frauen vor ihnen erworben und weitergereicht haben. Ihr ganzes Leben strebt die Frau nach Verfeinerung und Vervollständigung ihrer kulinarischen Fertigkeiten, um schließlich mit der verdienten Anerkennung der Gemeinschaft belohnt zu werden.

So ist die Geschichte der arabischen, jüdischen und berberischen Süßigkeiten, von Marokko bis zum Irak, eine facettenreiche und beseelte Geschichte. Sie berichtet von Müttern und Töchtern, Ängsten und Hoffnungen, von Festen, Bräuchen, Musik und Poesie, sie erzählt vom Lachen, Singen und Scherzen, und sie weiß um die magischen Kräfte, die in so manchen süßen Ingredienzien verborgen sind.

Die Welt
der Frauen

„Und Allah gab euch Frauen,
und von euren Frauen gab er euch Söhne und Enkel,
und er versorgte euch mit guter Kost."

KORAN, SURE XVI, 74

Linke Seite: Algerische Frauen in ihrem Heim (Ausschnitt)
Eugène Delacroix (1798–1863)
Paris, Musée du Louvre

Der älteste Kuchen der Welt

Lange bevor die Kulturen der Juden, Perser, Türken und Araber entstanden, pflegten die Völker Mesopotamiens bereits die Rezepte ihrer Lieblingsspeisen in Tafeln einzuritzen. Diese mehr als 5 000 Jahre alten „kulinarischen Nachschlagewerke" dokumentieren den Geschmack und die Kochkunst der Babylonier. Mehr als dreihundert Brot- und Kuchensorten sind auf diese Weise überliefert und vor der Vergessenheit bewahrt worden. Sie sind den heutigen kulinarischen Genüssen des Orients auffallend ähnlich. Für die Babylonier waren Brot und Backwerk Grundnahrungsmittel und Festmahl zugleich. Schon damals verstand man es, Getreide zu zahlreichen Grieß- und Mehlsorten zu zermahlen, die als Grundlage für verschiedene Breie und Teige dienten. Aus Gerste wurde Bier hergestellt. Bereits zu jener Zeit verkneteten die Frauen Mehl mit Öl, Milch oder Bier zu einem Teig, würzten und verzierten ihn mit Früchten und gaben ihm schließlich seine endgültige Form. Das konnte ein Herz, ein Kopf oder ein Ohr, ja selbst eine weibliche Brust sein.

Aus dieser altüberlieferten Küche erstand, über die Jahrhunderte verfeinert und bereichert, die heutige Kochkunst der arabischen Welt. Ihre Rezepte haben ganze Zeitalter überdauert – wie Botschafter des Genusses reisten sie durch die Epochen, von den Küsten Marokkos bis hin zu den Flusstälern des Irak. Über Generationen wurden sie weitergereicht, von Araberinnen, Jüdinnen und Berberinnen, die so zu Hüterinnen eines kostbaren Erbes wurden, das noch heute lebendiger ist als alle Kochbücher dieser Welt.

Von Mutter zu Tochter

In Kabylien, so erzählt man, werden die Kinder von Engeln auf Geheiß Gottes geschaffen. Die Frauen spielen dabei keine große Rolle. Die Männer übrigens auch nicht. Bei einem Jungen gehen die Engel stets eifrig und guter Stimmung zu Werke, und bei der Geburt des Kleinen brechen die Frauen in hellen Jubel aus, um die frohe Kunde zu verbreiten. Ist es aber ein Mädchen, so verharren sie schweigend. Auch die Engel zeigen sich sehr zurückhaltend, wenn es um die Schöpfung des weiblichen Geschlechts geht, und erst nachdem Gott sie dreimal erinnert hat, kommen sie endlich ihrer Pflicht nach. Ein Mädchen gilt keineswegs als Quelle der Freude, denn schließlich wird es eines Tages das Haus verlassen und fortgehen, in ein anderes Zelt, an einen anderen Ort oder gar in ein anderes Land.

Verschleierte Frau vor einem muslimischen Haus
in Safranbold, Türkei

Und „wer weiß, ob nicht der Mann, zu dem sie geht, sich als unser Feind entpuppt". Ein tunesisches Sprichwort sagt: „Ein Zelt, in dem nur Mädchen sind, ist ein leeres Zelt."

Es ist Sache der Mutter, für die Erziehung ihrer Tochter zu sorgen, ihr die nötigen Verhaltensregeln, weiblichen Pflichten und Tugenden beizubringen, damit sie eines Tages das Begehren eines Mannes weckt, der um ihre Hand anhält und sie schließlich ihrer Familie entführt. „Ein Mädchen zu erziehen ist die reinste Knechtschaft", erklärt eine kabylische Dame, „man muss sie von morgens bis abends ermahnen und belehren, und alles, was bleibt, sind die Glückwünsche am Tag ihrer Hochzeit." Einem Mädchen soll man nur mäßig zu essen geben. Sie ist wie ein Nimmersatt: „Was immer du ihr hinwirfst, sie verschlingt es. Es ist wie mit einem Huhn: Es dauert ein Jahr, es zu mästen, aber nicht mal einen Tag, es zu essen."

In den fruchtbaren Gegenden leben die Frauen eng verbunden mit dem Land und seiner Vegetation. Sie widmen sich dem Sammeln von Früchten, dem Einbringen der Obsternte, verrichten andere landwirtschaftliche Arbeiten, sammeln Brennholz und beschaffen Wasser. Vor allem aber kümmern sie sich um die Ernährung der Familie.

In der arabischen Welt sind allein die Frauen Hüterinnen der kulinarischen Geheimnisse und Genüsse, und sie reichen ihr Wissen an die nächste Generation weiter. Nichts davon wird niedergeschrieben. Alles offenbart und erklärt sich in der behaglichen Vertraulichkeit der häuslichen Küche. Je nach ihrer Stellung innerhalb der Familienhierarchie hat jede Frau traditionell die Aufgabe, eine bestimmte Fertigkeit an die jüngeren Mädchen weiterzugeben. So ist die Unterrichtung der Schneiderei Sache der älteren Schwestern, die der Kochkunst Sache der Großmutter, und für die Weberei ist die Mutter zuständig. Sobald eine junge Frau weben kann, ist sie reif für die Ehe.

Wegen ihrer großen Erfahrung gilt eine Frau im Alter als Hüterin der Koch- und Backkunst. Im Laufe der Jahre hat sie ihr Handwerk immer weiter perfektioniert und verfeinert, hat ihre eigenen kleinen Küchengeheimnisse, die ihre Kuchen von allen anderen dieser Welt unterscheiden. Die Enkelin ist Erbin dieses Wissens. An der Seite ihrer Großmutter lernt sie als Erstes, Brot zu backen, später dann, wie ein Couscous zubereitet wird, und schließlich erfährt sie auch die Geheimnisse der vielen Süßspeisen.

Doch auch die Rezepturen der Heil- und Gegenmittel, erworben durch die vielen Erfahrungen,

DIE REISEN DES IBN BATTUTA

... Aus den Bergen des Libanon gelangten wir schließlich nach Baalbek, eine stattliche, alte Stadt und eine der schönsten in ganz Syrien. Sie ist umgeben von prächtigen Obstplantagen und wundervollen Gärten (...), die mehr Kirschen hervorbringen als irgendeine andere Gegend. Der „libis" stammt von dort. Das ist eine Art eingedickter, honigartiger Traubensaft. Die Bewohner Baalbeks fügen dem Saft ein Pulver zu. Es lässt ihn hart werden. Anschließend wird das Gefäß zerbrochen und der erstarrte Saft in einem Stück herausgenommen. Man macht daraus ein Gebäck mit Pistazien und Mandeln, das „elmolabban" oder auch „djelb elfaras" genannt wird. In Baalbek wird viel Milch erzeugt, die man in das eine Tagesreise entfernte Damaskus bringt. Doch jene, die mit einer Karawane reisen, übernachten zumeist in einem kleinen Städtchen namens Ezzebadani, wo es unzählige Früchte gibt; und erst am folgenden Tag erreichen sie Damaskus.

Ibn Battuta bereiste im 14. Jahrhundert die arabische Welt, Asien und Afrika. Seine berühmten Reiseberichte sind wertvolle Zeitdokumente.

DIE ABENTEUER DES NASR EDDIN

Eines Abends kommt Nasr Eddin völlig ausgehungert in eine unbekannte Stadt. Er hat während seiner gesamten Reise praktisch nichts gegessen. Er stürzt in eine Bäckerei, wo sich Brote aller Sorten im Übermaß auftürmen. Mittendrin thront stolz der Bäcker. Nasr Eddin spricht ihn im Vorbeigehen an:
„Ne du! Weißt du, wem all diese Brote gehören?"
„Was für eine Frage! Sie gehören mir!"
„Warum isst du sie dann nicht, statt sie nur anzuschauen, Dummkopf."

Der Hodscha Nasr Eddin soll im 13. Jahrhundert in Südanatolien gelebt haben und wird oft der orientalische Till Eulenspiegel genannt. Schläue und hintergründige Ironie, aber auch beißender Spott, Herrschafts- und Sozialkritik kennzeichnen seine in der gesamten islamischen Welt bekannten und von Generationen weiterfabulierten Geschichten.

Ängste und Sorgen eines langen Lebens, werden sorgsam von den Großmüttern gehütet und weitergereicht. So lernen Mädchen nicht nur Kochen und Backen, sondern auch, sich vor bösen Blicken zu schützen, einen Schlangenbiss zu verarzten oder den Regen zu beschwören.

Vor allem jedoch muss eine Frau die Kunst der Gastlichkeit beherrschen. Ein Gast ist zu jeder Zeit willkommen, denn er ist ein Gesandter Gottes. Es ist undenkbar, dass er seinen Gastgeber in Verlegenheit bringt, denn jede gute Ehefrau ist stets für seinen Besuch gerüstet. Bei den Nomaden verstecken die Frauen die Zutaten für ein eventuelles Gastmahl. Sie vergraben Mehl, Öl und Fleisch an einem geheimen, vor den Kindern sicheren Ort. Erscheint ein Gast, so wird er vom Ältesten des Zeltes begrüßt und hereingebeten. Man bietet ihm zu essen und zu trinken, so viel er möchte. Er genießt dabei die Gastfreundschaft des gesamten Nomadendorfes, denn auch die anderen Frauen bringen einen Teil Mehl, Öl, Frisch- und Dickmilch und Wasser herbei. Insgesamt gewährt man dem Besucher drei Tage Gastrecht. Danach gilt er nicht mehr als Durchreisender und muss sich an den anstehenden Arbeiten der Männer beteiligen. Bricht er wieder auf, so gibt man ihm stets Eier und Milch mit auf den Weg, denn einen Durchreisenden lässt man niemals mit leeren Händen fortgehen. Schon die jungen Mädchen lernen diese Bräuche. Das städtische Leben und die Einflüsse der westlichen Welt haben die Rolle der Frau und die Regeln in der Gesellschaft sicherlich verändert. Dennoch ist die Ehe eine fest im Wesen der Menschen verankerte Institution geblieben, ein natürlicher und fortdauernder Brauch und auch ein Symbol des Erfolgs. Die Wertschätzung einer jungen Frau bemisst sich selbst heute noch häufig an ihren häuslichen und kulinarischen Fähigkeiten.

DIE ABENTEUER DES NASR EDDIN

Nasr Eddin ist zu Gast bei einem reichen Herrn. Zur Erfrischung lässt dieser eine köstliche, frische und mit Zimt bestreute Kamelmilch servieren. Der Gastgeber schenkt sich eine volle Tasse ein, während er die seines Gastes gerade mal zur Hälfte füllt. Nasr Eddin beginnt, unruhig in seinem Sessel hin und her zu rutschen, und schaut sich suchend um.
„Was möchtest du, Nasr Eddin? Vielleicht einen Löffel oder etwas Zucker?"
„Nein, eine Säge. Ich würde gern den oberen Teil meiner Tasse abschneiden. Ich kann ihn nicht gebrauchen."

Früchtebrot

*„Zu dem groben Mehl Wasser hinzugießen. Reichlich getrocknete Früchte
und Datteln, einige Pistazien und ein wenig Honig hinzufügen und mit Nelkenpfeffer, Kümmel,
Koriander und Knoblauch würzen. In den Holzfeuerofen schieben und warten.“
Das Ergebnis ist das älteste Früchtebrot der Welt.
Das „maqrout“ unserer Ururgroßmütter ähnelt diesem in etwa.
Die Akkader nannten es auch „mersu“ und die Sumerer „ninda“.
Wenn ein Rezept gut ist, überdauert es eine Ewigkeit.*

Eine kleine Geschichte der Kuchenformen

„Das Auge isst mit", sagen die Frauen. So erklärt sich die große Mühe und Sorgfalt, die sie auf eine phantasievolle Präsentation der Speisen und eine kunstvolle Gestaltung und Bemalung ihrer Schüsseln und Schalen verwenden. Wie die Kochrezepte haben auch die Formen des Küchengeschirrs die Jahrhunderte überdauert. Das Geschirr der Bäuerinnen im heutigen Tunesien ähnelt jenem, das im Osten des Maghreb bereits die Punier ihren Megalithgräbern beigaben. Denn, wer weiß, ob die Toten nicht Hunger bekommen. Und wehe dem, der den Zorn eines Toten erregt!

Die Gebäckschalen waren mit einem hohen Fuß versehen und in einer Ecke des Hauses aufgestellt. Sie dienten dazu, am *aid* (Feiertag) die Festtagskuchen sowie Datteln und getrocknete Früchte zu servieren. Diese hochfüßigen Servierplatten waren vermutlich Teil eines Ritus zur Darbringung der Opfergabe oder Sinnbild der Sorge um das leibliche Wohl des Verstorbenen im Jenseits. Noch heute stellen die Frauen im ländlichen Tunesien derartige Schalen her und wetteifern dabei um das größte kunsthandwerkliche Geschick, die reichsten Verzierungen und feinsten Reliefs. Auch die Doppelschale für den *acida*, den traditionellen Kuchen des *mulud* (Geburtstag eines Heiligen), wird noch hergestellt. Sie besteht aus einem Innenteil für Honig oder Butter und wird umrahmt von einer flachen, ausladenden Schale, die den Grieß enthält.

In Kabylien wird das Tongeschirr nach dem Brennen nach einem festen Ritual bemalt, bei dem die Frauen gemeinsam im Kreis sitzen. Weiter oben in den Bergen ist selbst die Suche nach dem Ton bestimmten Regeln unterworfen. Sie wird als gefährlich erachtet, da sie der Erde, Quelle der Fruchtbarkeit, Gewalt antut. Jede Töpferin sucht ihren Werkstoff mit größter Umsicht und genau festgelegten Handgriffen und nur an bestimmten Orten, damit sie die Mächte des Bodens so wenig wie möglich stört. Nach dem Modellieren und Brennen wird das Steingut nach traditionellen Mustern bemalt. Doch schöpferische Phantasie und Kreativität können auch neue Formen und Verzierungen hervorbringen, die, wenn sie von den anderen Töpferinnen anerkannt werden, ihrerseits zur Tradition werden und die Vielfalt der Stammeszeichen bereichern. Das Streben nach ästhetischer Vervollkommnung ist für die Berberin zugleich auch eine Suche nach sozialer Identität. Ihre Kunstfertigkeit und ihre gestalterischen Ideen

Im Haus des Baron d'Erlanger in Sidi Bou Saïd, Tunesien

KULINARISCHE ERINNERUNGEN

Crêpes Khaddouj
(Eine Geschichte aus Marokko von Asma)

Seit meiner Kindheit gibt es bei uns zu Hause Crêpes Khaddouj nur zu besonderen Anlässen: mein erster Zahn, meine Geburtstage, der Frühlingsanfang, ein schöner, sonniger Sonntag, die stets traurigen Tage meiner Abreise und die stets fröhlichen meiner Rückkehr. Die Crêpes sind nach einer alten Freundin meiner Mutter benannt, der sanftmütigen Khaddouj. Von ihr stammt das Rezept. Schon lange vor meiner Geburt war meine Mutter häufig bei ihr zu Gast. Gemeinsam verbrachten sie viele schöne Stunden, schwatzten bei einem Gläschen Minztee über dies und das, schmiedeten ihre unzähligen Pläne und aßen von diesen famosen Crêpes. Meine Mutter hat uns wohl in der Erinnerung an jene fröhlichen Stunden mit ihrer Vorliebe für Crêpes Khaddouj angesteckt. Dabei ist das Rezept ganz einfach: Pürierte Kartoffeln, ein Ei, Mehl, Milch, Zucker und Salz werden zu einem Teig verrührt. Er darf aber nicht zu flüssig sein. Gebacken werden die Crêpes genauso wie ihre französischen Verwandten.
Wenn es Crêpes Khaddouj gibt, versammelt sich die ganze Familie wie die Mitglieder eines Rates um den niedrigen Tisch. Man nimmt sich viel Zeit, denn es gibt wichtige Dinge zu bereden. Es ist die Stunde vertraulicher Angelegenheiten und heiterer, alter Geschichten, die auf eigentümliche Weise, allein durch die magische Kraft der Crêpes zu neuem Leben erwachen. Die Crêpes Khaddouj schaffen unweigerlich eine Atmosphäre der Besinnung; der Erinnerung an Frieden, Geborgenheit, Vertrauen und familiäre Solidarität. Und das ist der Grund, warum man sie nicht an jedem beliebigen Tag essen kann.

verleihen ihr Achtung und Bedeutung innerhalb der Gemeinschaft.

Das Tongeschirr für besondere Anlässe wird entsprechend seinem Verwendungszweck nach einer bestimmten Ordnung in Regalen aufbewahrt. Dort stehen sie einträchtig nebeneinander, die Hochzeitslampe, die eigens für eine Feier bemalten Schüsseln, die Becher und Krüge, und warten geduldig auf die Stunde ihrer flüchtigen Belebung. Das Geschirr für den täglichen Gebrauch hat seinen Platz nahe der familiären Feuerstelle. Vom Irak bis nach Marokko, ganz besonders aber in den Ländern Nordafrikas, hat die Qualität des Steinguts große Bedeutung für die Güte der dargereichten Speisen. Einen Kuchen zu backen bedeutet auch, ihn würdig zu präsentieren. So lernen die jungen Mädchen neben dem Einmaleins der Zubereitung auch bald die vielen geschickten Handgriffe, die aus einem Klumpen Ton langsam eine schön verzierte Kuchenform werden lassen.

Die Hüterinnen der Kochkunst

Während in Frankreich der Küchenchef fast immer ein Mann ist, sind im Maghreb stets Frauen die Meister der Kochkunst und Hüter der Esskultur. Als einstige Hausangestellte oder Sklavinnen haben sie ihr Können in den Küchen der Serails verfeinert. Eine von ihnen ist Khalti Adda, „Tante Adda". Sie diente einem Fürsten irgendwo in Tunesien zu einer Zeit, als ein Fürst noch ein richtiger Fürst war und in einem großen Palast residierte. Sie war die Wächterin der Verschwiegenheit. Jene Zeit liegt gerade mal ein halbes Jahrhundert zurück. Damals wurden die jungen Mädchen schon früh gegen ein geringes Entgelt an einen Fürsten verkauft, und man konnte gewiss sein, dass sie seinen Palast nie wieder verlassen würden. Sie lernten, ihrem Herrn zu dienen, ihm zu gehorchen und manchmal sogar, ihn zu lieben. Und sie lernten zu schweigen.

Khalti Adda war eine alte Frau mit dunkler Haut. Als Tochter einer Sklavin war sie aus dem Süden jenseits der Wüste gekommen. In der riesigen Küche, aus deren Tiefe oft das Lachen und Singen der Frauen nach oben drang, war Khalti Adda für alle so etwas wie eine Mutter, eine Weise, die alle Geheimnisse und Sorgen der Frauen kennt, ohne dass diese sie jemals aussprechen müssten. Tagaus, tagein fertigten ihre nimmermüden Hände große, farbenprächtige Platten, die in den Sälen des Palastes verschwanden. Unermüdlich bereiteten sie die vielen, in allen Farben leuchtenden Leckereien, die das Leben und

Feiern in der Welt der Herrschenden noch angenehmer machten. All die anderen Frauen, Dienerinnen und Mätressen im Palast waren ihre Assistentinnen. Khalti Adda allein verfügte über das Wissen von den richtigen Mengen und Mischungen, über das rechte Geschick und den feinen Geschmack. Sobald die Speisen aufgetragen waren, zogen sich die Küchenfrauen in ihr Reich zurück, bereiteten einen Tee und viertelten eine große Wassermelone so, dass eine sanfte Berührung sie wie eine Blume öffnete. Und dann sangen sie.

In Marokko nennt man die Köchinnen *dadas*. Sie sind weder Araberinnen, Berberinnen noch Jüdinnen. Ihre dunkle Hautfarbe verrät, dass sie von weither jenseits der Wüste kommen. Man erzählt, ihre Vorfahren hätten die Sahelzone durchquert, um als Sklaven dem Scharif zu dienen. Sie selbst hüllen sich in Schweigen. Sie haben vergessen, sagen sie. Offiziell waren sie weder Mütter noch Tanten, Ehefrauen oder Konkubinen, eher wohl ein bisschen von allem. Heute sind sie der Inbegriff der marokkanischen Kochkunst, der vollkommensten und feinsten der gesamten arabischen Welt. Ihre Handgriffe bergen die Geheimnisse einer Tradition, die über Jahrhunderte in den Küchen der Paläste heranreifte. Für das Gelingen eines großen Festes ist die

dada ganz besonders wichtig. Schon Tage vor dem *subu* (Fest anlässlich der Geburt eines Kindes) oder der Hochzeit reist sie an, ihre Töpfe, Pfannen und ihre Gutmütigkeit im Gepäck, und macht sich sogleich an die Zubereitung der festlichen Speisen. Jede *dada* gilt als Spezialistin auf einem ganz bestimmten Gebiet der Kochkunst. Mittlerweile gehören die ehemaligen Sklavinnen dem Gastronomieverband an und lehren an der königlichen Hotelfachschule.

DIE ABENTEUER DES NASR EDDIN

Eines Tages nimmt ein Bauer den noch recht kleinen Nasr Eddin mit in seinen Garten.

„Dieser stolze Baum dort, mein Kleiner, weißt du, wie er heißt?"

„Das ist ein Mandelbaum", antwortet der kleine Nasr Eddin.

„Kluger Junge! Und der dort, der dichte, buschige?"

„Ein Feigenbaum."

„Möge Allah dich segnen! Und der Baum dort mit den goldenen Früchten?"

Der kleine Junge hatte noch nie einen Aprikosenbaum gesehen und antwortete:

„Den kenne ich auch, den Baum mit den harten Eiern, aber der Sturm gestern hat die weißen von den Ästen geweht."

Die Prinzessin von Bengalen
E. Weeks, um 1899

Die weiße Sklavin (Ausschnitt)
Jean Lecomte du Nouy, Paris, 1842

KULINARISCHE ERINNERUNGEN
Die Frauen mit den Lockenwicklern
(Eine Geschichte aus Algerien von Madeleine)

Freitagabends wimmelte es im jüdischen Viertel von Oran immer
von Frauen in Nachthemd, Morgenrock und mit Lockenwicklern im
Haar. Als kleines Mädchen war ich sehr verwundert und auch ein
wenig beunruhigt über diese Frauen mit den Lockenwicklern. Sie
waren einige Stunden zuvor mit einer kleinen Tasche in der Hand
in das Badehaus, den Hammam, gegangen. Die Tasche enthielt das
nötige Waschzeug, Kleidung zum Wechseln – und die berüchtigten
Lockenwickler. Die Reinigung im Badehaus gehört zu den Ritualen
des Sabbat. Beim Verlassen des Hammam schwatzten und lachten
die Frauen laut; dann verstreuten sie sich langsam und gingen nach
Hause. Doch schon bald erschienen sie wieder, einen emaillierten
Schmortopf in den Händen. Die Gruppe formierte sich erneut und
setzte sich in Richtung des öffentlichen Ofens in Bewegung. Im Topf
war die „tafina" für den Samstag, ein Schmorgericht aus grünen
Bohnen, Kartoffeln und Fleisch. Am Ofen angelangt, schrieben
sie mit Kreide ihren Namen auf den Topf oder versahen ihn mit
irgendeinem Zeichen, damit sie auch ja den richtigen nach Hause
brachten. Das Schmoren dauerte die ganze Nacht und noch bis
zum Mittag des folgenden Tages, ohne dass sich die Frauen darum
kümmern mussten. Am Sabbat ist es verboten, ein Feuer zu entzünden, zu kochen oder zu arbeiten. Aber all diese Frauen, sie
brachten dennoch etwas Warmes auf den Tisch.

Die Rolle des Mannes

Das geheime und verschwiegene Reich der Küche ist für den Mann tabu. Neben der Beschneidung offenbart sich für den heranwachsenden Jungen der Schritt zum Mann auch darin, dass ihm fortan der Zutritt zur Küche und zum Hammam, dem Badehaus der Frauen, verwehrt ist.

Das traditionelle Ritual eines Gastmahls weist dem Mann eine feste Rolle zu: Während die Frau mit der Zubereitung und dem Servieren der Speisen beschäftigt ist, empfängt und unterhält er die Gäste. Doch nicht immer sind die Männer grundsätzlich von der Küchenarbeit ausgeschlossen.

Bei einigen Berberstämmen sind Frauen lediglich für die Zubereitung des gewöhnlichen Essens wie Brot oder Couscous zuständig, während die feineren Speisen Sache der Männer sind. Beim Stamme der Ait Arba beispielsweise haben die Männer die als ehrenvoll geltende Aufgabe, die *tagine* zu kochen, ein Schmorgericht im speziellen Tontopf, das aus verschiedenen Gemüsen und meist mit Hammel oder Huhn zubereitet wird. In vielen Gegenden gehört es auch zur traditionellen Pflicht des Hausherrn, den Tee zu servieren.

Im Allgemeinen aber haben Männer nur mit dem Kochen und Backen zu tun, wenn sie in einem Restaurant arbeiten. Die Grundlagen dieses weiblichen Handwerks erlernen sie allerdings bereits zu einer Zeit, da ihnen der Zutritt zur Küche noch erlaubt ist, und später natürlich von ihren Ehefrauen, den wahren „Herren" des Hauses. Der Treffpunkt der Männer ist nicht die Küche, sondern das Café, und so wird es wohl auch bleiben.

LIEBLICHE MELONE

Oh Herr, welche Schönheit ist so makellos
wie die des kleinen Melonenhändlers!
Strahlender schimmert seine Wange und reiner
als der Mars am Sternenhimmel.
Käme er, mich zu besuchen,
er reinigte meine Seele
und vertriebe ihren Schmerz;
und kostete ich dann von seiner Melone,
fühlte ich am Ende gar
mein Herz entflammen.
Muhammad al Nawadji, 15. Jahrhundert

Das Haremleben in Kairo
J. Lewis, London

Kuchen via Satellit

Die Dame, die im Fernsehen Kuchen backt, ist eine füllige, herzliche Frau mit einem runden, fröhlichen Gesicht und kleinen, fleischigen Händen. Vor ihr stehen, ausgebreitet auf einer Arbeitsfläche, verschiedene tönerne Schüsseln und Schalen. Während die Kamera langsam über diese hinwegschwenkt, verkündet ihre Stimme: „Mehl, Salz, Öl und hier Mandeln, Zucker, Zimt, und ein Fläschchen Orangenblütenwasser. Heute, liebe Fernsehzuschauerinnen, möchte ich Ihnen zeigen, wie man Mandelbriuat (kleine, mit Mandeln gefüllte Teigtaschen) macht, mit denen Sie heute Abend Ihre Gäste zum *iftar* (Fastenbrechen) verwöhnen können. Es ist nicht ganz einfach und braucht etwas Zeit, den Teig herzustellen, aber Sie haben ja den ganzen Tag dafür. Also fangen wir gleich an!"

Und ihre kleinen Hände beginnen sich zu vervielfältigen, hantieren flink und gewandt mit Geschirr und Zutaten, während ihre Stimme fortfährt, die Zuschauerinnen in ihren Bann zu ziehen. In einer großen Schüssel vermischen die Hände Mehl, Salz, Öl und fügen nach und nach Wasser hinzu. Dann breiten sie mit einer energischen und präzisen Bewegung den Teig auf einer großen, heißen Platte aus.

„Sie können, liebe Zuschauerinnen, natürlich auch eine Pfanne nehmen", betont die Stimme. Gewandt platzieren die emsigen, kleinen Hände eine zuvor bereitete Mandelmasse auf den fertigen „Crêpes" und falten diese hin und her, unzählige Male, bis ein Dreieck vor ihnen liegt. Noch flink ins Öl getaucht, dann ein kurzes Honigbad und fertig sind die Briuats für den Abend. Die kleine Frau mit den fleischigen Händen hat an diesem Tag sicherlich in mehr als einer Küche die dreieckigen Briuats als kulinarische Neuheit eingeführt.

In jedem Land des Maghreb gibt es eine solche Fernsehköchin, und das Satellitenzeitalter erlaubt es, ihr auch im Ausland zuzuschauen. Jede von ihnen verkörpert die jeweils landestypische Küche, die bei den vielen, vor allem in Frankreich lebenden Frauen maghrebinischen Ursprungs häufig bereits in Vergessenheit geraten ist. Heute ist eine ganze Generation junger, in Frankreich geborener Mädchen wieder begeistert damit beschäftigt, die Kochkunst ihrer Heimat über das Fernsehen neu zu erlernen. Jeden Freitagvormittag und während des Ramadan sogar täglich erweist man an vielen Bildschirmen den Tele-Köchinnen auf der anderen Seite des Mittelmeers die Ehre, um die Tradition der nationalen Küche mit neuem Leben zu erfüllen.

Straßenszene in Jaffa (Ausschnitt)
G. Bauernfeind, London, 1890

DER SCHOKOLADEN-KUCHEN
(Eine Geschichte aus dem Irak
von Samia)

Eines Sommers sagten meine Cousinen zu mir: „Du lebst doch in Frankreich. Wenn du im nächsten Jahr wiederkommst, dann bringe uns ein typisch französisches Kuchenrezept mit." Ungeduldig wartete ich den ganzen folgenden Sommer mit meinem Schokoladenkuchenrezept, bis ich endlich wieder in den Irak reisen würde. Ich weiß nicht, ob es ein besonders französischer Kuchen ist, aber es ist mein Lieblingskuchen. Wieder im Irak angekommen, wagten meine Cousinen und ich eines heißen Nachmittages das Experiment dieses französischen Rezeptes. Doch mit dem Hartweizengrieß statt Weizenmehl, Pflanzenfett anstelle von Butter, Honig statt Zucker und einer ziemlich sonderbaren importierten Schokolade glich die ganze Angelegenheit eher einem Grießbrei als dem Teig eines Schokoladenkuchens. Wir waren etwas ernüchtert. Doch plötzlich kam uns die rettende Idee: Wir gaben Rosinen, Mandeln, Datteln und Pistazien in die Mischung und servierten unserer Familie das Produkt als „unseren selbst erfundenen Kuchen".

GESCHICHTEN UNTER DEM STERNENHIMMEL
(Eine Geschichte aus dem Irak von Samia)

Im Irak haben die Häuser flache Dächer, auf die man vom Innern des Hauses über eine Treppe hinaufgelangt. Sie dienen als Terrasse und bieten auch Platz zum Aufhängen der Wäsche. Im Sommer schlafen wir auf der Terrasse meiner Tante Adila. Dort gibt es große und kleine Betten und auch Decken, denn die Nächte sind kühl. Die Matratzen bleiben tagsüber zusammengefaltet, damit sie nicht zu sehr einstauben. Am Abend werden sie dann zum Lüften ausgebreitet und mit Wasser benetzt, wie beim Bügeln. Bei meiner Tante Adila haben wir Kinder einen ganz besonderen Brauch. Abends, wenn es Zeit wird, schlafen zu gehen, steigen wir die Treppe zu ihrer Terrasse hinauf. Sie bleibt unten in der Küche, kocht Tee mit Kardamom und bereitet einen Teller mit Melonenstückchen und Weintrauben. Dann legt sie einige Dattelplätzchen auf einen weiteren Teller und stellt alles zusammen auf ein großes Tablett.

Wir Kinder warten inzwischen oben auf der Terrasse und schauen in den Sternenhimmel. Schließlich, wenn es kalt wird, legen wir uns ins Bett. Manche sitzen auch. Die Kleinste wartet im Bett ihrer Mama. Dann kommt meine Tante, stellt das Tablett mit all den Leckereien ab, sieht uns verschmitzt an und macht es sich bequem. Und während sie die Kleine zudeckt und wir den Tee einschenken, schweift ihr Blick langsam in die Ferne und verliert sich irgendwo in der Erinnerung. Dann beginnt sie zu erzählen. Meine Cousins, meine Schwester und ich, wir sind alle ganz vernarrt in die Kindheitsgeschichten unserer Eltern, Geschichten aus einem anderen Irak. Doch am schönsten ist es, wenn meine Tante Adila entschlossen ist, sich die ganz Nacht ihren Erinnerungen hinzugeben. Nie ist die Melone röter, schmecken die Datteln süßer als an diesen Abenden, an denen wir in die Kindheit unserer Tante Adila eintauchen. Sie erzählt so lange, bis ihre Worte erschöpft sind und wir auch.

Am nächsten Morgen dann, wenn uns die Sonne und die Fliegen wecken, ist meine Tante schon zur Arbeit gegangen. Und irgendjemand von uns stolpert über das Tablett, auf dem sich die Ameisen um die Melonenreste streiten.

Im Harem des Scheichs Sadat in Kairo
Frank Dillon, London, 1873

Die Magie der Speisen

Ihr Kuss ist so köstlich wie der Duft des Kefir,
der Dattelbrot und heiße Butter vereint.
So schmeichelnd wie der Duft von Couscous,
dessen Grieß die milchgetränkten Rosinen verbirgt.
So betörend wie der Duft der Mimose,
die golden in der Morgendämmerung leuchtet.
Ihre Haut ist so zart wie das Brot und
ihre Lippen so süß wie der Zucker,
den die Jugend so liebt.

AUS: MAGUY VAUTIER »PAROLES DES TOUAREGS«,

PARIS, 1997

Linke Seite: Dekor im Speisesaal des Sultans Ahmet III (Ausschnitt)
Palast von Topkapi in Istanbul, Türkei

In den Augen der Völker des Orients geht von Süßspeisen eine wohltuende Wirkung aus. Sie machen die Schüler folgsam und die Mädchen liebenswürdig; sie versprechen den Jünglingen Abenteuer und mäßigen das Temperament junger Frauen für die künftige Ehe. Süßigkeiten bringen Glück und Zufriedenheit. Jede arabische Großmutter wird Ihnen raten, Honig zu essen, um Ihr Leiden zu kurieren, worin auch immer das bestehen mag. Denn Honig ist gut für die Gesundheit.

Datteln, Feigen, Mandeln, Sauermilch, Eier und Getreideprodukte, kurz, alle Zutaten, die in der Bäckerei und Konditorei Verwendung finden, gelten als Quelle der Fruchtbarkeit und der Läuterung, des Wohlstands und des Glücks. Süßigkeiten bringen die *baraka*, was so viel bedeutet wie göttlicher Segen, Glück und Freude. Aus diesem Grunde sind sie Teil vieler magischer Rituale und religiöser Bräuche und kommen besonders an solchen Festtagen reichlich auf den Tisch, an denen die großen Ereignisse im Leben der Menschen gefeiert werden und damit zugleich der Zusammenhalt der Gemeinschaft gefestigt wird.

Eigenartigerweise tragen die meisten Kuchen und Gebäcksorten keine Namen, die auf die Eigenschaften ihrer Zutaten hindeuten. Vielmehr scheinen sie nach ihrer Form und den Bildern, die sie hervorrufen, benannt zu sein. „Das Ohr des Richters" *(udun el kadi)* beispielsweise ist ein schneckenförmig gerolltes Gebäck, das an die Konturen eines Ohrs erinnert. „Das Fenster" *(chabbakia)* ist ein Kuchen, dessen wellenförmig gezogene Linien tatsächlich den Gittern vor den balkonartigen arabischen *mucharabeh* ähneln. „Das Mandelherz" *(qalb el luz)* ist ein aus Grieß hergestellter, herzförmiger Kuchen, der in der gesamten arabischen Welt bekannt ist. In Ägypten und im Nahen Osten nennt man ihn *basbussa* und in Tunesien *harissa*, und häufig wird das Herz jedes einzelnen Stückes mit einer ganzen Mandel verziert.

Trockenfrüchte, Honig und Getreideprodukte haben einen hohen Nährwert, halten sich lange und sind leicht zu transportieren. So ist es nicht verwunderlich, dass sie besonders bei den Nomadenvölkern und in ausgeprägt ländlichen Gegenden sehr geschätzt werden. Doch auch die Menschen, die heute in den Städten oder im europäischen Ausland leben, haben bewusst oder unbewusst den Glauben an die *baraka*, die Segen bringende Kraft der Süßigkeiten, bewahrt und deren rituelle Bedeutung für das Miteinander, bei festlichen Anlässen genauso wie im Alltag, erhalten.

Obststände in der Medina von Fès, Marokko

Der Koran

Tee und Kaffee

Der Minztee *(atay b'nahna)* ist im maghrebinischen Kulturraum geradezu eine Institution. Als solche wurde er von den Gepflogenheiten der Berber übernommen. Er wird traditionell nach einem Zeremoniell serviert, das drei Gänge vorschreibt: „Das erste Glas ist stark wie das Leben, das zweite süß wie die Liebe und das dritte bitter wie der Tod." Die schönste Zeit am Abend ist nicht etwa die Stunde der Mahlzeit, die oft nur aus einem einzigen schlichten Gericht besteht. Man hält sich nicht lange auf bei Tisch, und ein Europäer ist meist ziemlich erstaunt, wenn seine Gastgeber sich erheben, kaum dass der letzte Bissen in ihrem Mund verschwunden ist, um den Salon oder das benachbarte Café anzusteuern. Wenn kein zweiter Raum vorhanden ist, wird kurzerhand der niedrige Tisch zur Seite geschoben, um neuen Raum für das Ritual der bevorstehenden Abendstunden zu schaffen. Es ist die Stunde für den gemeinsamen Tee, zu dem Gebäck oder getrocknete Früchte serviert werden. Es ist die Stunde der Geselligkeit, des Plauderns und der Lieder. Man erzählt sich den Dorfklatsch, lauscht den alten Geschichten der Großmütter und den Gedichten von einst, während man seinen Tee trinkt und langsam die Zeit vergisst. Es ist absolut undenkbar, dass man keinen Minztee oder grünen Tee und keinen Zucker im Hause hat, ganz zu schweigen von Teekanne und Gläsern.

Im Hohen Atlas gibt es einen Stamm, die Ait Arba, denen es niemals an Zucker mangelt. Während des harten Winters, der die Bearbeitung des Bodens unmöglich macht, vermieten die Männer ihre Arbeitskraft an die landwirtschaftlichen Betriebe in der Flussebene des Sous. Von ihrem Lohn kaufen sie die Grundnahrungsmittel, an denen es in den Bergen mangelt. Dabei entfällt mehr als die Hälfte des Geldes auf Zucker. Es heißt, dass das Oberhaupt einer zehnköpfigen Nomadenfamilie einen monatlichen Verbrauch von einem Kilo Tee und sieben Kilo Zucker veranschlagt. Dieser Posten rangiert vor allen anderen auf der Einkaufsliste der Nomadenfamilie, denn außer die Abendstunden zu versüßen, hilft der Minztee auch, den Hunger zu überlisten.

In Ägypten und dem Nahen Osten machen sich, mehr als die Gewohnheiten

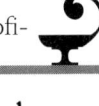

„Gemächlich hob sie die Tasse, nippte ein paar Tropfen ihres Kaffees, während ich aus ihren Augen trank! Teile mit mir den Morgenkaffee; tauche nicht in die dunkle Schwermut der Unentschlossenheit!"

Nizar Qabbani

DIE ABENTEUER DES NASR EDDIN

Nasr Eddin benötigt die Kopie einer Urkunde über den Kauf seines Hauses. Nur der Kadi ist befugt, das Schriftstück auszustellen, was auf einfaches Ersuchen und kostenlos zu geschehen hat. Natürlich verschmäht dieser es nicht, wenn man ihm – wegen der Umstände – eine kleine Gefälligkeit erweist, in Naturalien oder in bar. Deren Ausbleiben kann nämlich durchaus zur Verzögerung der Angelegenheit führen oder gar zur Fehlerhaftigkeit und damit zur Ungültigkeit des Schriftstückes.

Um derartige Unannehmlichkeiten zu vermeiden, erscheint Nasr Eddin mit einem Honigkrug. Während er sein Anliegen hervorbringt, stellt er das Präsent vor dem Kadi auf den Tisch. Dieser weist sogleich seinen Sekretär an, die gewünschte Kopie anzufertigen, und versieht diese anschließend und ohne Umschweife mit Siegel und Unterschrift. Am Abend möchte sich der Kadi an dem Geschenk erfreuen, doch er bemerkt schon bald den Betrug: Der Krug enthält Kuhmist, den Nasr Eddin lediglich mit einer dünnen Schicht Honig überzogen hat. Rasend vor Wut ruft der Kadi seinen Sekretär:

„Lauf zu Nasr Eddin, und bringe mir die Urkunde. Dir ist ein gravierender Fehler bei der Abschrift unterlaufen."

Der Sekretär läuft zu Nasr Eddin und erklärt ihm, das Schriftstück sei ungültig, da ihm ein Irrtum unterlaufen sei. Und Nasr Eddin antwortet:

„Kehr zurück zu deinem Herrn, und sag ihm, er soll sich nicht beunruhigen. Der Irrtum liegt nicht in dem Schriftstück, wie er meint, sondern in dem Honigtopf."

der Berber, die Einflüsse der Engländer und ihrer unsterblichen *cup of tea* bemerkbar. Man trinkt dort eine Art getarnten Lipton, den man kurz aufkocht und anschließend einige Minuten ziehen lässt, um eine möglichst dunkle Flüssigkeit zu erhalten. Die Kunst des Teetrinkens ist hier eher schlicht und rustikal, doch spielt sie keine geringere Rolle für Geselligkeit und sozialen Zusammenhalt als im Maghreb. Im Machrek (im Arabischen: „Ort des Sonnenaufgangs"; der Osten der arabischen Welt einschließlich Ägyptens) erfüllt der türkische Kaffee diese Funktion.

Datteln

„Möge der Morgen sein wie Datteln und Milch!"

Das ist es, was man am Morgen seiner Liebsten oder seinen Freunden wünschen muss, wenn man sich liebenswürdig zeigen möchte. Worauf es tausend mögliche Entgegnungen gibt:

„Möge der Morgen dir Glück bringen!"
„Möge der Morgen duften wie Jasmin!"
„Möge der Morgen dir leuchten!"

Und so kann das Spiel bis zum Abend weitergehen und ganze Unterhaltungen mit Formeln der Höflichkeit füllen, mit besten Wünschen des Wohlergehens und des Glücks.

Die Dattel verdankt ihre Bedeutung dem schnellen Wachstum. Sie gilt als Quelle des Überflusses. Daher auch ihre häufige symbolische und beschwörende Verwendung bei einer ganzen Reihe von religiösen Ritualen und ihr vielfach metaphorischer Gebrauch in der Alltagssprache. Wenn ein frisch vermähltes Paar Datteln isst, heißt es zum Beispiel, so wird sich ihr Reichtum im Laufe des Jahres vervielfältigen.

Ihrem hohen Nährwert verdanken Datteln ihre Beliebtheit beim *futur*, jener Mahlzeit, die während des Ramadan das Fasten bricht. Es ist Brauch, sobald die Sonne untergeht und sich der beruhigende Gesang des Muezzins erhebt, die tägliche Enthaltsamkeit mit einer Dattel zu beenden. Die Ägypter stellen den *khuchaf* her, ein Getränk aus ganz fein geschnittenen Datteln, die in Wasser eingeweicht werden. Die reicheren Leute fügen noch Feigen, Aprikosen und Rosinen hinzu. Das Getränk hat eine stärkende Wirkung und ist bei Groß und Klein wegen seines angenehm süßen Geschmacks gleichermaßen beliebt. Man sollte aber auf keinen Fall das tägliche Fasten mit Wasser oder Tee brechen, denn der Magen erinnert sich, und am folgenden Abend ist der Durst nur umso schlimmer.

In Marseille verwandeln sich zur Stunde des *futur* die Couscous-Restaurants in riesige, hauptsächlich von Männern bevölkerte Speisesäle. Rechts neben jedem Teller liegen drei kleine Datteln, die zunächst jeder nach seiner Ankunft aus der rechten Hand und im Namen Gottes verzehrt. Dieser Brauch stammt ohne Zweifel aus den arabischen Ländern.

Im Alltag sind Datteln vor allem die Bonbons der armen Leute und gehören zu den wichtigen Genüssen, die den Tag versüßen. Bei den Berbern isst man sie mit *leben*, einer Art Quark aus Ziegenmilch, oder mit Butter gefüllt. Bei einigen Stämmen ist es Brauch, die Kerne zu Mehl zu mahlen, aus dem Brot gebacken wird. Die Oasen und Ufer der Flüsse sind voll von Dattelpalmen. Die geschicktesten unter den Jungen sind traditionell für die Ernte der reifen Früchte zuständig. Auf den Dächern der Häuser trocknen die Dattelbüschel in der Sonne. Aufgehängt an einer Schnur leuchten sie wie braune und rote Mosaiken.

Honig

Honig soll glücklich und wohlhabend machen, eine Wirkung, die er seiner Milde und Süße verdankt. Es gibt kaum Backrezepte, in denen er nicht vorkommt.

Bereits im 13. Jahrhundert erzählte Ibn Al Muqqafa in seinem Buch von Kalila und Dimna, das später den französischen Dichter La Fontaine zu seinen Fabeln inspiriert hat, die Geschichte eines Mannes, der mit einem Krug Honig den Grundstein für großen Reichtum legen wollte. Dieses Buch war eine Sammlung von Lehrgeschichten, geschrieben für den Unterricht der ägyptischen Prinzen und Prinzessinnen. Die Geschichte geht folgendermaßen:

Ein frommer Mann bezog regelmäßig von einem Händler die nötigen Grundnahrungsmittel: Mehl, Butter und Honig. Jeden Tag behielt er einen Teil Butter und Honig zurück und verschloss ihn in einem Krug, der in einer Ecke über seinem Bett hing. Eines Tages, als er lang ausgestreckt auf seinem Rücken lag und den Krug direkt über seinem Kopf betrachtete, dachte er an die gestiegenen Preise von Honig und Butter und sagte zu sich selbst: „Ich werde den Inhalt dieses Kruges für einen Dinar verkaufen und davon zehn Ziegen kaufen. Die werden innerhalb von sechs Monaten werfen." Der brave Mann rechnete weitere fünf Jahre voraus und kam schließlich auf mehr als vierhundert Ziegen. „Mit diesen Ziegen", dachte er weiter, „kaufe ich für je vier ein Rind, also hundert Rinder insgesamt, und nach weiteren fünf Jahren werde ich ein

Frische Mandeln

hübsches Vermögen angehäuft haben. Dann baue ich mir ein prachtvolles Haus, kaufe Bedienstete, teure Kleidung und kostbare Möbel. Sobald ich mich dort eingerichtet habe, heirate ich eine hübsche Frau mit vielen guten Eigenschaften. Sie wird mir einen gut gewachsenen Sohn schenken, den ich Machmed nenne. Ich werde ihn selbst und mit der größten Sorgfalt erziehen. Und wenn er mir nicht gehorchen will, so werde ich ihn mit diesem Stock bestrafen." Und der brave Mann schwang den gemeinten Stock, traf den Krug, dass dieser zerbrach und sich der kostbare Inhalt über seinen Schädel ergoss.

Honig kann also durchaus Quelle des Wohlstands sein. Doch sollte man diesen nie zu heftig begehren. Darüber hinaus ist Honig das wichtigste Medikament in der arabischen Welt. Er bringt Gesundheit, sagen die Frauen, und kuriert all die kleinen Wehwehchen, die der Winter bringt. Seine vielfältigen Heilkräfte machten ihn zum Bestandteil verschiedener magischer Rituale.

Wenn eine Frau in Marokko zum Beispiel die Leidenschaft ihres Mannes oder Geliebten wecken möchte, so zeichnet sie mit Honig eine vertikale Linie auf ihre Stirn und lässt ihn langsam das Gesicht hinunterlaufen. Am Kinn angelangt, fängt sie den Honig mit einer Kelle wieder auf. Anschließend fährt sie mit einem Feigenblatt über ihre Zungenspitze. Zeigen sich ein paar Tropfen Blut, so fügt sie sieben Salzkörner hinzu und spuckt sie dann ebenfalls in die Kelle. Zum Schluss gibt sie noch vorsichtig etwas Erde in die Mischung und reicht sie dem Objekt ihre Begierde zum Kosten. So also dient der Honig unter anderem dazu, das Feuer der Liebe stets neu zu entfachen.

DIE REISEN DES IBN BATTUTA

Wir verließen Badra in Richtung der Bezuaebene (...) und passierten die Enge von Séouik. Sie befindet sich etwa eine halbe Tagesreise von Kholais entfernt und ist sehr sandig. Pilger trinken hier unerlässlich den „séuik". Er wird aus über dem Feuer geröstetem Gerstenmehl bereitet, das sie eigens aus Kairo und Damaskus mitbringen. Man trinkt ihn mit Zucker, und die Emire legen große Vorräte davon an, damit das Volk seinen Durst lösche. Es wird erzählt, dass Gottes Abgesandter, als er die Enge passierte, keinerlei Nahrung für sich und seine Begleiter mitführte. So nahm er von dem Sand und gab ihnen davon. Sie probierten und entdeckten so den Geschmack des „séuik" ...

DIE ABENTEUER DES NASR EDDIN

Khadidja, Nasr Eddins Frau, hat eine erlesene und derart reichliche Auswahl an Süßwaren und Gebäckstücken bereitet, dass Nasr Eddin trotz seines unstillbaren Appetits auf alles Süße schließlich von ihnen lassen muss. Den Bauch voll, legt er sich zu Bett. Doch er macht kein Auge zu. Schließlich, einige Stunden später, hält er es nicht mehr aus und rüttelt seine Frau.

„He, Khadidja! Wach auf! Ich habe gestern Abend etwas vergessen."

„Schlaf endlich. Morgen ist auch noch ein Tag."

„Ich habe vergessen, den Kuchen aufzuessen!"

„Lass doch den Kuchen zufrieden!"

„Nun mach schon. Geh den Kuchen holen."

Khadidja erhebt sich fluchend und holt den Kuchenteller, auf dem Nasr Eddin diesmal keinen einzigen Krümel zurücklässt.

„Warum diese Eile?", fragt seine Frau, während sie sich wieder ins Bett legt.

„Der Kuchen stand in der Küche. Kein Mensch hätte ihn angerührt."

„Er war nicht in der Küche, wie du denkst", entgegnet Nasr Eddin. „Er war in meinem Kopf, und ich dachte, er wäre viel besser in meinem Bauch aufgehoben, wo er hingehört."

☆

Nasr Eddin ist alles andere als ein Kostverächter, aber am liebsten mag er Süßigkeiten und Gebäck, wovon er nie genügend im Hause hat. Eines Abends nach dem Essen beklagt er sich darüber bei ein paar Freunden.

„Aber dazu gehört doch gar nicht so viel", sagt der eine. „Man braucht nur etwas Öl und Sesam."

„Und das vermischst du mit Honig", sagt ein anderer.

„Und all das vermengt man in einem Mörser mit Früchten und ganzen Mandeln", sagt der Dritte.

„Aber das weiß ich doch alles!", ereifert sich Nasr Eddin.

„Also, woran fehlt es dann? Ist es so schwierig, in einem Haus wie deinem für genügend Öl, Honig und die paar anderen Zutaten zu sorgen?"

„Ihr versteht nicht", antwortet Nasr Eddin. „Das Problem ist, wenn die Zutaten im Haus sind, bin ich es nicht."

Lokum mit Nüssen

Feigen

Die Feige gilt als Symbol der Fruchtbarkeit und des Erhaltes der Nachkommenschaft. Das zunächst milchig weiße Fleisch der unreifen Frucht wird allmählich leuchtend rot wie Blut; gleichsam wie der männliche Samen, der zum Leben wird; und auch die Form der Feige selbst erinnert an die Hoden des Mannes. Kaum verwunderlich also, dass Feigen bei so manchem Hokuspokus und magischen Zauberritus Verwendung finden. Um beispielsweise schönes Wetter heraufzubeschwören, pflegen die Frauen Kabyliens einen seltsamen Brauch. Sie rösten in der Holzkohlenglut ihrer Feuerstelle eine Feige und werfen sie anschließend nach draußen. Dann schminken sie die Augen einer Katze und jagen diese ihrerseits hinaus.

Beim Stamm der Ait Hichem entzünden die Frauen in der Nacht zur Sommersonnenwende mehrere Feuer in den Feigengärten. Es gilt als sicherste Methode, für eine reiche Ernte zu sorgen. Besteht der Garten aus nur wenigen Feigenbäumen, so entfacht die Frau unter jedem Einzelnen von ihnen ein Holzkohlefeuer und wirft eine Hand voll vom Morgentau benetzter Gräser in die Glut. Während der dichte Rauch durch das Geäst hinaufsteigt, murmelt sie die Worte:

„Oh Insla, du Gnädiger, du Barmherziger!
Die Frucht, die Gott erwählt, sie wird nicht fallen.
Erde ist wertvoller als schlechte Feigen!"

Und dann wirft sie eine Hand voll Erde in den Baum. Wenn sich die Geburt eines Kindes verzögert, so legt die werdende Mutter über Nacht eine Feige auf den Flügel einer Mühle und isst sie in aller Frühe des nächsten Tages auf nüchternen Magen. Auf diese Weise versucht sie das Kind zu überreden, endlich zur Welt zu kommen.

All diese Bräuche werden heute kaum noch praktiziert. Doch die Erinnerung an sie dauert fort und mit ihr der Glaube an die magischen und Fruchtbarkeit spendenden Kräfte der Feigen.

Milch und Butter

Milch gilt ihrer Farbe wegen als heilbringendes Lebensmittel und als Bote des Glücks. Ebenso wie Mehl, Zucker und weißschalige Eier erinnert sie an strahlendes Licht und an das Glitzern der Silbermünzen. Darum findet auch sie häufig symbolische Verwendung, etwa um Glück und Wohlstand einer jungen Familie oder eines geliebten Menschen zu mehren. Bei den Juden Nordafrikas ist Milch ein fester Bestandteil des Hochzeitszeremoniells. Wenn die Braut vor der

Tür ihres neuen Heimes erscheint, reicht ihr die Mutter des Bräutigams ein Glas Milch und ein Zuckerstückchen. Sie muss von beidem kosten und anschließend die weiße Flüssigkeit vor ihren Füßen auf den Boden ausleeren. Es soll ihrem Eintritt in die neue Familie Glück bescheren. Ein ähnliches Ritual vollzieht sich einige Stunden später, wenn das frisch vermählte Paar, im neuen Zuhause angelangt, einen mit Milch gefüllten Krug zerbricht und sich auf diese Weise ewiges Liebesglück sichert.

Auch bei den Hochzeitsbräuchen der Berber spielt die Milch als Symbol der Reinheit und der Freude eine große Rolle (siehe im Kapitel „der Lauf des Lebens").

Um die Unfruchtbarkeit zu besiegen, die sowohl für Juden als auch für Berber und Araber ein großes Unglück bedeutet, da sie in die soziale Isolation führt, trinken die jüdischen Frauen Milch, die mit einem Eigelb und Bockshornklee verrührt wird.

Unter den etwas „delikateren" Rezepten arabischen Ursprungs findet sich auch eines „zur Steigerung der Potenz und der Qualität des Samens, so Gott will". Seine Hauptbestandteile sind Butter und Milch. Man soll, so empfiehlt es ein älterer Text, „ein wenig Milch mit zehn *dirham* (altes arabisches Gewichtsmaß) gemahlenem Zimt und ein paar gekochten Spargeln vermengen, Butter hinzufügen und zum Kochen bringen. Ein Eigelb und verschiedene Gewürze unterrühren. Über einen gewissen Zeitraum immer wieder von dieser Speise essen. Sie macht stark für die Vereinigung, weckt die sexuelle Begierde und steigert die Lust auf den fleischlichen Akt."

Abgesehen von ihren Verdiensten als Aphrodisiakum wird Milch vor allem als Stärkungsmittel geschätzt. In Kabylien trinken jung vermählte Ehepaare und Kinder unter einem Jahr nach der Geburt eines Kalbes sieben Tage lang die Milch und die aufgefangene Vormilch der Mutterkuh.

Die Milch von Kamelen wird meist frisch getrunken; Ziegenmilch hingegen wird zu *leben* oder Butter verarbeitet. *Leben* ist eine Art Quark, der herkömmlicherweise in einem schlauchartigen Beutel aus Ziegenleder hergestellt wird, den man mit Ziegenmilch gefüllt über Nacht in die langsam erkaltende Asche des Feuers stellt. So entsteht bis zum Morgen eine saure Dickmilch, der *leben*.

Butter gibt es frisch, solange die Kühe Milch produzieren. Sie nennt sich *zebda*. Den Rest des Jahres verwendet man *smen*, eine Art Butterschmalz, eine gereifte Butter, die zuvor geklärt und gesalzen wurde und lange haltbar ist.

Zuckerbrot

Eier

Das Ei ist als Sinnbild für das werdende Leben und den ewigen Kreislauf des Daseins das Fruchtbarkeitssymbol schlechthin. Noch heute gibt es viele Frauen, die für ihren Kuchen nur Eier verwenden, die sie zuvor gewaschen und sieben Mal in der Hand gewendet haben.

In einigen ländlichen Gebieten des Maghreb pflegen die Frauen bei Beginn der alljährlichen Feldarbeit einen Brauch, bei dem Eier den Ertrag des Bodens steigern sollen. Alle Frauen im Dorf, die bereits Mütter sind, haben die Aufgabe, von Haus zu Haus zu gehen und Eier, Grieß und Butter zu sammeln. Anschließend versammeln sie sich mit ihrer Ausbeute auf den Feldern. Auf dem Weg dorthin bespritzen sie Vieh und Kinder mit Wasser. Schließlich übergeben sie die Eier der ersten, frisch gepflügten Ackerfurche. Später am Tage kocht die älteste Mutter jeder Familie eine Mahlzeit, die am Abend des ersten Feldarbeitstages gemeinsam gegessen wird – ein Brauch, der nicht nur dem Ackerboden, sondern auch der Gemeinschaft im Dorf zugute kommt.

Es gibt auch zahlreiche Rezepte zur Steigerung der menschlichen Fruchtbarkeit, bei denen Eier eine unterstützende Rolle spielen. Eine vermeintlich unfruchtbare Frau soll zum Beispiel mit einem Eigelb und Bockshornklee (*trigonella foenum graecum*) verrührte Milch in regelmäßigen Abständen trinken.

Aber auch die Ehemänner können sich einer Behandlung unterziehen, die dem Volksglauben nach die Fortpflanzung begünstigt. Dabei wird zunächst ein Huhn geopfert, das gerade im Begriff war, ein Ei zu legen. Es wird mit einer Mischung aus Olivenöl oder gesalzener Butter und dreizehn verschiedenen getrockneten Kräutern ausgerieben, in einem fest verschlossenen Tontopf gegart und anschließend verzehrt. „Nach dem Essen", so verlangt es das Rezept, „das Bett aufsuchen."

Schließlich finden Eier noch bei der Herstellung von Arzneimitteln Verwendung, wenngleich ihre lebensrettende Wirkung manchmal an Zauberei zu grenzen scheint. Wird in der Wüste beispielsweise jemand von einer Schlange gebissen, so gibt man ihm so schnell wie möglich einen Trank aus wildem Beifuß, anschließend reichlich gereifte Butter (*smen*) und zu guter Letzt ein paar rohe Eier zu trinken. Gleichzeitig versucht man, das Gift mit dem Mund aus der Wunde herauszusaugen, bevor ein Zugverband mit einer Mischung aus verschiedenen gemahlenen Blättern, Hartweizengrieß, Honig und gereifter Butter angelegt wird.

Getreide und Früchte

„Sie mehrte sich wie Gott die Frucht des Maises. Sie schuf neue Triebe und Sprösslinge und erntete eine ganze Familie", heißt es in einem kabylischen Gedicht zu Ehren einer Frau. Bilder und Vergleiche aus dem Pflanzenreich dienen häufig als Metaphern für die weibliche Fruchtbarkeit. Denn die leibliche Mutter und die Mutter Erde sind gleichermaßen Quelle des Lebens. Und damit beide stets mit Fruchtbarkeit gesegnet sind, haben die arabischen Kulturen eine Fülle magischer Bräuche hervorgebracht, bei denen Getreide und Früchte eine wichtige Rolle spielen. Als Ursprung des Lebens gilt der Regen. Wenn er ausbleibt und die Erde zu verdorren droht, wendet sich das Dorf an die Frau des Marabut, des meist als heilig geltenden Dorfweisen. Man bringt ihr eine Holzkelle. Sie fertigt daraus eine Puppe, die sie mit allerlei Schmuck behängt. Diese übergibt sie den Kindern im Dorf, die sie überall herumführen, während sie mit beschwörender Stimme singen:

„Anzer, Anzer!
Möge Gott die Trockenheit vertreiben.
Damit Weizen und Gerste sprießen
und wir keinen Klatschmohn mehr essen müssen."

Die Kinder gehen von Tür zu Tür. Man bespritzt sie mit Wasser und gibt ihnen Grieß, Gerste und

DIE ABENTEUER DES NASR EDDIN

Nasr Eddin sitzt arglos im Schatten auf den Stufen vor seiner Haustür und will gerade von den Datteln kosten, die er in großer Zahl vom Markt mitgebracht hat, als sich ein ihm kaum bekannter Bewohner der Stadt nähert und in liebenswürdigem Ton zu ihm sagt: „Sei gegrüßt!"
„Nein!", antwortet Nasr Eddin ohne Anflug von Freundlichkeit.
„Bei Allah! Was für ein Rüpel! Begegnet man so dem Gruß eines anderen?"
„Wer redet von deinem Gruß? Ich sage nein."
„Aber nein wozu? Ich habe dich um nichts gebeten."
Nasr Eddin verzehrt weiter genüsslich seine Datteln und wirft belustigt die Kerne direkt vor den anderen hin. Schließlich erklärt er: „Hör zu. Wenn ich deinen Gruß entgegnet hätte, hättest du sogleich eine Unterhaltung begonnen. Du hättest nach den Neuigkeiten gefragt, nach meiner Frau, meiner Familie, meinen Geschäften, und am Ende hättest du diese Datteln mit mir teilen wollen. Da zog ich es vor, lieber gleich und ohne freundliche Umschweife nein zu sagen."

*Ornament an einer Hauswand in der Medina
von Fès, Marokko*

Feigen. Am Ende ihres Rundgangs werfen sie die Puppe in den dörflichen Brunnen. Sie besprühen sich erneut mit Wasser und teilen dann ihre Ausbeute. Kinder, Wasser, Getreide und Früchte, sie wirken in diesem Brauch zusammen, um den Leben spendenden Regen zu rufen.

In den Ländern Nordafrikas dienen Trockenfrüchte auch zur Vertreibung der bösen Geister, die in Wasserhähnen, Quellen und an Flussufern, ja selbst im Kühlschrank ihr Unwesen treiben. Überall, wo es Wasser gibt und es dunkel und unheimlich ist, vermuten die Maghrebiner unheilvolle Mächte. Glücklicherweise haben die bösen Geister eine große Schwäche für Süßigkeiten, aber auch für Öl, Pflaumen, Couscous oder gar für Blut. Man muss ihnen also nur ein paar Nüsse, Rosinen oder was sie sonst eben mögen, zu knabbern geben, um die verheerende Wirkung ihrer schlechten Einflüsse zu bannen. Solange sie etwas zu naschen haben, sind sie von den Menschen abgelenkt.

Und schließlich füllen nicht nur Kräuter, sondern auch so manche Früchte als Arzneien die häusliche Apotheke, in der die über Generationen erprobten und bewährten Hausmittel gehütet werden. Verirrt sich beispielsweise ein Sandkorn ins Auge und reizt die Bindehaut, so schafft eine entkernte Rosine schnelle Abhilfe. Man drückt sie etwas weich und legt sie zwischen die Wimpern auf das betroffene Auge. Im Handumdrehen wird das Sandkorn von der Rosine absorbiert.

DIE ABENTEUER DES NASR EDDIN

Nasr Eddin ist zu dem eine gute Stunde entfernten See Akchehir marschiert. Er setzt sich ans Ufer und beginnt mit seinem Stock energisch auf das Wasser einzuschlagen. Neugierig geworden durch dieses merkwürdige Verhalten, nähert sich ein Schäfer und fragt ihn, was er da mache.

„Was ich hier mache? Das siehst du doch", antwortet Nasr Eddin, „ich buttere das Wasser des Sees."

„Zu welchem Zweck, frage ich dich."

„Zu welchem Zweck, glaubst du, buttert man? Um Butter zu machen, natürlich, du Dummkopf."

„Selber Dummkopf! Man macht doch keine Butter, indem man Wasser schlägt!"

„Hör gut zu: Selbst bei Milch kann man sich nie sicher sein, dass Butter herauskommt. Also probier ich es erst einmal mit Wasser, um zu sehen. Man weiß ja nie."

DER DATTELWEIN

Wir haben einen Wein, der nicht von den Bienen ist, sondern die Frucht der höchsten aller Palmen. // Stolz und erhaben ragen diese bis in den Himmel hinauf, ihre Früchte hängen zu hoch, um sie zu erreichen. // In ihren Wipfeln sind junge Kamele, ihre Milch rinnt die Dattelbüschel hinab. // Vertrauenswürdig, unüberschaubar in ihrer Zahl, sind sie selbst in Zeiten der Dürre von prächtiger Gestal. (...) // In ihren Mähnen erblühen junge Triebe, wie die Form einer Hand. // Sie verzweigen sich und erscheinen wie Perlen aus Jasmin an einem Band. (...) // Smaragdgrün färben sich die Früchte, und man glaubt, kämpfende Widder zu sehen. // Wenn der Reisende der Nacht Kanope in der Morgenröte schimmern sieht, leuchtet das Purpurgold der Datteln wie Hyazinthen in aller Farbenpracht. // Auch die letzten Früchte färben sich rot und schwarz. // Jetzt kann man sie ernten, und ich schicke meine Leute mit ihren Haken. // In Krüge, hoch wie ein Mann, werfen sie die Früchte. // Eilig beginnen sie die Datteln zu schlagen, mit einer Rute, geflochten aus dem Schopf der Palme. // Geschlagen, brüllen und schäumen die Früchte wie ein Kamel. // Dann hat der Dattelwein genug gegoren und ist fertig zum Trinken. // Ich verschließe den Krug mit einem Turban aus Ton, gut befeuchtet und fest. // Er wird ihn schützen vor der Luft der Nacht. // Dann heißt es: „Der Wein ist reif", und man nimmt den Turban ab, der ein strahlendes Gesicht enthüllt. // Ein jeder kostet und bejubelt die Schönheit dieses jungen Körpers. // Man prostet sich zu und trinkt auf das Leben und ruft Mal um Mal: „Schenk nach! Schenk nach!"

Abu Nuwas, 8. Jahrhundert, Gedichte

Gemahlener Zimt

Der Lauf des Lebens

Nichts ist wirklich von Bestand
Außer dem Antlitz unseres Herrn
Und ich sehe nichts, das in der Zeit
und zugleich von ewiger Dauer wäre.

Heute ist der Tag, an dem
der Ibn Scharid und seine Familie für immer gingen.
Und mit ihnen die großen Schüsseln,
immer reichlich gefüllt.
Und die Kessel,
die fest auf ihrem Dreifuß standen.

Sie waren es,
die den Teller des Waisenkindes füllten.
Und sie, die das Versprechen hielten,
das man einem Freund gibt.

KHANSA (TUMADIR), ARABISCHE DICHTERIN
AUS DEM STAMM DER BANU SULAIM, 7. JAHRHUNDERT

Die Geburt eines Wüstenkindes

Die schwangere Frau wird durch das in ihrem Bauch entstehende Leben zur Garantin für das Fortbestehen der Stammesgemeinschaft. Darum genießt sie während der gesamten Schwangerschaft eine Vielzahl von Rechten, die ihr sonst nicht zustehen. Im Gegenzug ist sie allerdings zur Befolgung verschiedener magischer und religiöser Bräuche verpflichtet, die einen guten Verlauf der Schwangerschaft sicherstellen sollen. Denn die schwangere Frau, so heißt es, „hat einen Fuß über und einen Fuß unter der Erde". Die Wüstenbewohner glauben nämlich an einen Zusammenhang zwischen den dunklen Mächten der unsichtbaren Welt und der Entwicklung des Fötus im Mutterleib. Um sich vor den geheimen Kräften zu schützen, die das Leben von Mutter und Kind bedrohen, muss die schwangere Frau einige strikte Verbote beachten. So darf sie auf keinen Fall den Friedhof besuchen oder nach Sonnenuntergang das Zelt verlassen, denn die Welt der Toten und die Dunkelheit werden von den bösen Geistern besonders bevorzugt.

Die werdende Mutter hat die Fähigkeit, Geschlecht und physische Erscheinung ihres Kindes zu beeinflussen. Ist sie zum Beispiel von der Schönheit eines anderen Kindes beeindruckt, so lässt sie Wasser über seine Stirn hinunterlaufen, fängt es wieder auf und trinkt es. So trinkt sie gleichsam die Schönheit des anderen Kindes und überträgt sie – wenn alles mit rechten Dingen zugeht – auf ihr eigenes. Sie kann auch Milch trinken, damit ihr Kleines eine möglichst helle Haut bekommt, oder Salz essen, damit es scharfsinnig und geistreich wird. Um einen Jungen zur Welt zu bringen, was bei der Bedeutung, die dem Geschlecht zukommt, kein geringer Ehrgeiz der Mütter in spe ist, kennen die Frauen eine Vielzahl von Mitteln. Eines schreibt vor, die Schnäbel von sieben Krügen zu feinem Pulver zu zermahlen und jeden Morgen eine mit Honig vermischte Prise davon zu schlucken.

Einer künftigen Mutter darf man nichts abschlagen, denn die geringste Verstimmung, der kleinste unerfüllte Wunsch hinterlässt einen sichtbaren Makel auf dem Körper des Kindes. Ein ungelöschter Milchdurst zum Beispiel hinterlässt einen weißen Fleck auf der Haut, ein ungestillter Appetit auf Honig einen braunen Fleck. Und so wird die künftige Mutter reichlich mit Gaben bedacht, damit es ihr ja an nichts fehle. Von ihren üblichen Aufgaben ist die schwangere Frau jedoch keineswegs entbunden. Sie hilft nach wie vor bei der Feldarbeit, beschafft das Wasser und

Frau mit Kind im Patio eines Hauses in Algier, Algerien

meistert den Haushalt der Familie. Und ist sie auch für die Dauer der Schwangerschaft von der Fastenpflicht des Ramadan entbunden, so muss sie eine gleiche Anzahl Fastentage nach der Entbindung nachholen. Da eine schwangere Frau praktisch bis zum Ende ihrer Schwangerschaft arbeitet, wird sie nicht selten bei der Arbeit von der Geburt ihres Kindes überrascht.

In den meisten Fällen wird ein Wüstenkind von einer Hebamme, der *qibla*, zur Welt gebracht. In Kabylien versammeln sich die schönsten und glücklichsten Frauen des *duar* (Weiler) um das Neugeborene, sobald die *qibla* seinen kleinen Körper abgetrocknet hat, und bespucken es mit Rüben- und Kressesaat sowie mit Salz und Kümmel. Dann schlägt die *qibla* an der Stelle der Geburt ein Ei auf, verrührt es mit Kupfersulfat und Kümmel und bestreicht mit dieser Paste den Körper des Kindes, damit er stark und widerstandsfähig wird. Anschließend bestreicht sie Kopf und Ohren, „damit es ein aufgewecktes Kind wird", zieht an seiner Nase, „damit in ihm das Gefühl der Ehre wachse", und gibt ihm drei Tropfen Wasser und einen Tropfen Honig zu trinken, „damit es stets besonnen ist". Erst nach dieser rituellen Salbung darf die Mutter ihr Kind begrüßen. In den Wüstengegenden Tunesiens wird das Neugeborene gleich nach der Geburt gewaschen, gewickelt und frisiert. Anschließend bestreicht die *qibla* Lider und Wimpern des Kleinen mit einem Tröpfchen ölvermischtem *khol*, ein kajalartiger, schwarzer Farbstoff, „damit seine Augen schön dunkel und sein Blick leuchtend klar werden". Der *khol* hat nachweislich eine keimtötende Wirkung und wird daher auch zum Einreiben der Nabelschnur verwendet. Erst nach dieser „Veredelung" des Kindes verkünden die Rufe der Frauen die frohe Nachricht von seiner Geburt.

Anschließend kümmert sich die *qibla* um die Mutter, der sie eine Mischung aus Weizenmehl und zerriebenem, mit Öl vermischtem Bockshornklee bereitet. Dann bekommt sie noch zwei rohe Eier. Die erste Mahlzeit nach der Entbindung besteht immer aus sehr energiereicher und eisenhaltiger Nahrung, wie Kichererbsen, Saubohnen oder Linsen. Während der ersten sechs Tage empfängt die junge Mutter nur Frauen aus ihrem *duar* oder der unmittelbaren Nachbarschaft. Bei ihrer Ankunft, so sagt man, „schaut die Wöchnerin auf die Hände der Besucherinnen", denn die Tradition will, dass sie der jungen Mutter Eier oder Geld mitbringen.

Über den Vornamen des Kindes wird nicht vor Ablauf einer dreitägigen Ruhepause entschieden. Erst dann nämlich glauben die Wüstenbewohner den kritischen Punkt für das Neugeborene

Tunesisches Teeglas

Im Patio eines tunesischen Palastes
Unsigniert. Orientalische Schule,
Anfang des 20. Jahrhunderts

überwunden. Die Wahl des Vornamens ist Sache der Männer. Er wird der Gemeinschaft zum Ende der *karma*, des zu diesem Anlass veranstalteten Festmahls, vom Vater oder Großvater verkündet. Den *subu* feiern die Nomaden im Gegensatz zur sesshaften und städtischen Bevölkerung nicht. Hier lädt der Vater am siebten Tag nach der Geburt des Jungen oder Mädchen seine Familie und Freunde zu einem Fest, auf dem er ein Schaf opfert. Indem er das Blut des Opfertieres vergießt, wäscht er symbolisch seine Frau von jeglicher Befleckung rein und dankt, dass Mutter und Kind am Leben sind. Dann werden die Geschenke übergeben und der Vorname des Kindes bekannt gemacht. Jeder muslimische Vorname hat einen religiösen oder familiären Bezug. Der Neuankömmling wird in jedem Fall einen der 99 Namen Allahs tragen, den des Propheten Mohammed oder auch den Namen eines ruhmreichen Vorfahren der Familie, der ihm Glück bringen soll. Der *subu* bietet immer wieder Anlass, die Geschichte des Kamels und seines Hochmuts zu erzählen. Während alle bei Tee und Süßigkeiten zusammensitzen, ergreift meist ein junger Kerl irgendwann das Wort: „Man muss sich vor allem die tiefe Freundschaft vor Augen halten, die unser Prophet (‚Allah segne ihn und schenke ihm Frieden!') seinem Kamel entgegen-

brachte", erklärt er. „Es kannte all seine Geheimnisse, ja selbst die hundert Vornamen Allahs. Den Menschen aber verriet Mohammed nur 99 seiner Vornamen. Bis heute kennen also nur das Kamel und seine Nachkommen den hundertsten Namen des Allmächtigen, und das ist der Grund für den Hochmut der Kamele."

In der ersten Phase seines Lebens trägt das tunesische Wüstenkind ein Hemdchen, die *duraa*, und einen Kapuzenumhang, den seine Mutter zuvor mit Gazellenhörnern und Kaurischnecken bestickt sowie mit Geldstücken und einem besonderen Halsband versieht, das *jilah* genannt wird. Es soll den Säugling schützen und dient ihm gleichzeitig als Klapper. Es wird aus Wolle hergestellt, die die Mutter zuvor mit Weihrauch parfümiert. Vermischt mit Gewürznelken, getrockneten Rosenknospen und verschiedenen Samenkörnern näht sie die aromatisierte Wolle in ein Tuch ein. So entsteht ein zart duftendes Halsband, das sie schließlich dem Kind um den Hals legt. Auch reibt sie während des gesamten ersten Monats ihren Säugling mit Öl und einer Prise Salz ein, um die bösen Geister und die Läuse zu verjagen.

Das Bett des Babys befindet sich im Zelt. Es ist eine Art Hängewiege: Zwischen zwei Pflöcken werden zwei Schnüre aus Kamel- oder Ziegen-

haar gespannt. Dort hinein hängen die Nomaden eine Art Stofftasche, die von zwei an den
Enden der Schnüre eingespannten Holzkeilen
offen gehalten wird. Tücher auf dem Boden des
Stoffbeutels dienen als Matratze. Diese Wiege ist
von großer Bedeutung für die Nomaden und
verlangt die Beachtung einer ganzen Reihe von
Regeln. Niemand würde es beispielsweise wagen,
die leere Wiege zu bewegen, da es Unglück über
das Kind brächte. Lässt die Mutter ihr schlafen-
des Kind unbeaufsichtigt, so legt sie zuvor ein
Fläschchen Wasser neben es und spannt ein Netz
oder einen Kamelmaulkorb über die Wiege, um
ihr Kind vor der *naucha*, der Kinderräuberin und
schlimmsten Feindin aller Mütter, zu schützen.

Auf die Zeit der Wiegenlieder folgen die Jahre
des Herumtollens und der Kinderspiele; der
Badespaß im Hammam, die fröhlichen Wasser-
schlachten mit dem Gummischlauch, das Jagen
alter Autoreifen, die mit einem Stock über den
Sand getrieben werden, die Ballspiele und vieles
mehr ...

Und dann folgt die Zeit des großen Übergangs in
die Welt der Erwachsenen, die Zeit der Verwand-
lung vom Mädchen zur jungen Frau, die schon
bald ihrer Hochzeit entgegenblickt, und vom
kleinen Jungen zum Mann – es ist die Zeit der
Beschneidung.

Die Beschneidung
eines jungen Ägypters

*„Schlag Mitternacht, nachdem die aufwendigen, aber fröh-
lichen Vorbereitungen beendet waren, machte sich Oum
Nômane fertig zum Aufbruch in Richtung Mausoleum des
Scheichs Abu Harun (...) Sie hatten einen großen Korb
mit Gebäck und Keksen bereitet und trotz der nächtlichen
Dunkelheit ein Banner gehisst. Über Felder und karges
Steppenland erreichte die kleine Gruppe am frühen Morgen
das am Fuße der Anhöhe von Amchoul gelegene Mausoleum. Die Feierlichkeiten zum mulud (Geburtstag eines
Heiligen) des Scheichs waren gerade auf ihrem Höhepunkt
angelangt (...) Alles lief reibungslos: Nômane drehte seine
Runden um das in Kerzenlicht getauchte Grabmal,
während seine Mutter den Dienern und Schaulustigen einige Piaster gab; (...) man forderte den Jungen auf, sich auf
einen Stein zu setzen. Oum Nômane warf Karamellbon-
bons in die Menge, dann schnitt Ismael, der Totengräber,
auf der Schwelle zum Mausoleum einem Kaninchen die
Kehle durch. Eïd der Barbier legte sein Werkzeug zurecht,
während einige andere begannen, die Köpfe der Menschen
mit Moschus und anderen aromatischen Substanzen zu
beweihräuchern. Jemand las eine Passage aus dem Koran.
Inzwischen war es Tag geworden, und das Morgenlicht verriet ein leichtes Erschauern in Nômanes Gesicht.*

*Dann begann die Prozedur mit der Schur der dichten,
widerspenstigen Haartolle auf dem Kopf des Fünfzehn-*

Springbrunnen im Hotel la Mamounia in Marrakesch,
Marokko

jährigen (...) Mit jedem Klicken der Schere ergoss sich ein Schwall von Schreien, Keksen und Bonbons über die Menge (...) Nômane weinte bittere Tränen unter den Händen des Barbiers, während seine Mutter im Überschwang des Glücks zu tanzen begann."

Wie in diesem Auszug aus »Les tribulations d'un Égyptien en Égypte« ("Die Versuchungen eines Ägypters in Ägypten") von Mohammed Mustapha Mostagab vollzieht sich die Beschneidung häufig anlässlich des *mulud*, des Festes, das die Geburt des Propheten oder eines lokalen Heiligen begeht. In früheren Zeiten waren bei den Bauern Kanaans, Syriens und Mesopotamiens die Beschneidungsfeierlichkeiten im Frühling eng mit der kultischen Verehrung einer göttlichen Mutter verbunden und hatten den Charakter von Fruchtbarkeitsritualen. Möglicherweise war das auch in Ägypten der Fall, wo der Brauch der Beschneidung nachweislich lange vor dem Aufkommen des Islam praktiziert wurde. Auf einem der kunstvoll ziselierten Wandgemälde des gegenüber von Luxor am Ufer des Nils gelegenen Medinet-Habu-Tempels ist eine Szene zu sehen, die den Sieg Ramses' II. über die nordägyptischen Truppen feiert. Sie zeigt, wie Soldaten dem Pharao Hunderte beschnittener Penisse, die sie den getöteten Feinden ausgerissen haben, als Beweis

für ihre Tapferkeit und ihren Sieg zu Füßen legen. Der Ursprung der Beschneidung geht bis auf die Zeiten Abrahams zurück, der erst im Alter von achtzig Jahren beschnitten wurde. So zeigt die Beschneidung eine gewisse Übereinstimmung zwischen den Bräuchen des Altertums und der Tradition des Islam.

In der islamischen Welt gilt die Beschneidung als ritueller Einlass in die Welt der Männer und die religiöse Gemeinschaft, die *umma*. Das arabische Wort für Beschneidung, *tahara*, legt etymologisch eine Verwandtschaft mit dem Begriff der Läuterung nahe. Wie die Waschungen vor dem Gebet, kann auch die Beschneidung als Läuterung vor dem Eintritt in die Religionsgemeinschaft verstanden werden. Obwohl der Islam sie nicht als obligatorisch vorschreibt, wird sie nach wie vor fast überall praktiziert.

Die Beschneidung wird je nach Region und Tradition zwischen dem vierten und achten Lebensjahr, in manchen Gegenden auch erst in der Pubertät vorgenommen. Doch eines ist sicher: Nach vollzogener Beschneidung, die fraglos ein Initiationsritus ist, wird der Junge nie wieder als Kind angesehen; er ist fortan nicht mehr „der Kleine" seiner Mutter, sondern ein Mitglied der Männerwelt. Für ihn bedeutet das im Alltag vor allem einen Wandel seines Aktionsfeldes und eine veränderte Rolle in der Gemeinschaft. Sein Territorium ist nicht mehr die Küche oder der Hammam, sondern die Straße, die Felder und das Café; und seine Rechte und Pflichten sind von nun an die eines Mannes. Da die Beschneidung also die Trennung von der Welt der Frau markiert, wird sie von der Mutter als echtes Drama erlebt. An jenem Tag ist sie meist vollkommen in Tränen aufgelöst. Doch gleichzeitig empfindet sie einen gewissen Stolz, jenen Jungen geboren und großgezogen zu haben, der nun im Begriff ist, ein Mann zu werden. Alle möglichen Verwandten und Freunde umsorgen und bemuttern sie, ganz so wie sie sich all die Jahre um ihren Sohn gekümmert hat. Ist ihr Blick sorgenvoll, schauen auch die anderen Frauen sorgenvoll drein, und beginnt sie zu weinen, stimmen jene ebenfalls ein. In einigen Gegenden nimmt die Mutter großen Anteil an den Schmerzen ihres Sohnes und versucht, ihm Erleichterung zu verschaffen. So taucht sie beispielsweise während der Beschneidung den rechten Fuß ihres Kindes in einen Eimer mit kaltem Wasser, um symbolisch die Wunde zu kühlen. Häufig ist es die Mutter, die nach dem Ritual das entfernte Hautstückchen erhält. Sie knetet es lange mit feuchter Erde zu einer Kugel, vergräbt diese anschließend oder heftet sie an die Mauer ihres Hauses, eine Tradition, die an so manchen Fruchtbarkeitsritus erinnert.

Die von Mustafa Mostagab erzählten Abenteuer des Ägypters Nômane zeigen auch, in welchem Maße Gebäck und Bonbons und all die anderen Süßigkeiten dazu beitragen sollen, die Schmerzen der Beschneidung vergessen zu machen. Sie werden großzügig an die Versammelten verteilt, die den jungen Mann symbolisch auf seinem Weg durch die Prüfung begleiten. Auch die Beschneider selbst kennen einige Mittel zur Linderung der Qualen. Einige spucken beispielsweise nach der Operation den Saft der Nussbaumwurzel auf die Wunde, bestreuen sie dann mit Asche, tragen ein frisches Ei auf, um den Schmerz zu dämpfen, und bedecken sie schließlich mit feinem Sand. Während der folgenden sieben Tage wird die Wunde mit Öl eingerieben, was den Jungen nicht daran hindert, herumzutoben und zum Gespött der anderen Kinder zu werden, weil er „watschelt wie eine Ente". Herumtoben und allmählich erwachsen werden prägen die folgende Zeit bis zum Tage des nächsten großen Einschnitts, dem Tag der Hochzeit.

Die Beschneidung markiert die Schwelle zum Erwachsenwerden und damit auch zur Heirat und zur Sexualität.

Berberhochzeit

Die Heirat ist das eigentliche Lebensziel des Berbers. Sie gibt Anlass zu langen Diskussionen zwischen den beiden Familien und zu einem gewaltigen Fest, dem größten im Leben eines Menschen überhaupt. Die Hochzeitsfeierlichkeiten können innerhalb weniger Tage die Nahrungsmittel für ein ganzes Jahr verschlingen und die gesamten Rücklagen der mit ihrer Ausrichtung betrauten Familie des Bräutigams erschöpfen. Denn die aufgewendete Summe ist zugleich eine Investition in die soziale und wirtschaftliche Zukunft zweier Familien, die durch die Vermählung ihrer Kinder vereint werden. Doch es ist natürlich auch eine Frage der Ehre und des Prestiges gegenüber dem *duar* und dem gesamten Dorf.

Alles beginnt mit einem Geschenkkorb. Sobald ein junger Mann im heiratsfähigen Alter ist, machen sein Vater und er sich auf den Weg, verschiedenerlei Kleinigkeiten zu besorgen, um der jungen Frau und ihrer Familie zu gefallen. Je nach Region füllt sich so der Korb mit den unterschiedlichsten Präsenten: Datteln, Henna, ein Krug Butter, verschiedene Sorten Mehl, ein Block Zucker, aber auch Kerzen, Halstücher und Hemden sowie jene Schätze, die das Geheimnis der Schönheit der Berberfrau begründen: aus Klatschmohn hergestelltes Rouge für die Wangen, der kajalähnliche *khol* für die Augen und Gewürznelken und Nussbaumrinde für gesunde, weiße Zähne.

Bei einigen Stämmen versammelt sich ein großes Gefolge bestehend aus den Angehörigen der *djema'a*, den Stammesoberhäuptern, und den Frauen der Familie des Bewerbers im Familienzelt der Auserwählten und überreichen ihrem Vater den Präsentkorb. Damit sind die Gespräche eröffnet. Gemeinsam mit dem Vater verspeisen die Honoratioren den Couscous, den die Frauen eigens zu diesem Anlass zubereitet und während des Garens keine Sekunde aus den Augen gelassen haben, damit ihn ja kein böser Zauber gegen das künftige Paar befällt. Nach dem Mahl bringt man den Männern ein Tablett, auf dem einige Datteln sowie Henna und Weizen angerichtet sind. Gemeinsam kosten sie in aller Ruhe von den Datteln, deren Kerne sie zurück auf das Tablett werfen. Dann legt der nächste Freund des künftigen Bräutigams ein Geldstück in die Mitte des Tabletts. Der Vater nimmt es und gibt es seiner Tochter, deren Freudenschrei schließlich die Zeremonie beendet. Die Vereinbarungen wurden während der gesamten Dauer des gemeinsamen Essens ausgehandelt und durch den

Mein Töchterchen, wie schön du bist!
Mit deinen Zöpfchen im Haar,
die links und rechts herunterbaumeln.
Mit deinem Pony in der Stirn
und den strahlenden schwarzen Augen.
Tunesisches Schlaflied für ein kleines Mädchen

Und unsere Frauen stimmen ein
in das Klagelied jener,
die ihre Anführerin ist.

Ihre Augen sind trunken vor Trauer,
und ihr Jammern ist das der Kamele,
die, ihrer Jungen beraubt, zu trinken sich weigern.

Das Haar wirr und das Gesicht verzerrt,
lassen sie nicht eher nach,
bis auch die Nacht der Klageweiber endet.

Sie beweinen den Verlust meines Bruders,
der die Großzügigkeit selbst war,
der edelste aller Menschen
und voller Güte,
die Hände stets offen,
um Wohl zu spenden
im Überfluss.
Die Klageweiber, Khansa, arabische Dichterin,
7. Jahrhundert

anschließenden symbolischen Tausch besiegelt. Die künftige Braut verwahrt den Weizen auf dem Verlobungstablett und sät ihn, sobald die Zeit der Feldarbeit gekommen ist, neben dem väterlichen Acker aus. Sie hegt und pflegt das Korn bis zur Reife; dann erntet und drischt sie es und verteilt die Früchte ihrer Ernte unter den Kindern, damit auch sie mit vielen Kindern gesegnet wird.

In anderen Gegenden erscheinen lediglich Vater und Sohn bei der Familie der Auserkorenen. Bei ihrer Ankunft bewerfen sie das Familienzelt zunächst mit Zucker, auf dass dort Güte und Zufriedenheit auch nach dem Auszug der Braut verbleiben, und anschließend mit Salz und Holzkohle, deren dunkle Farbe angeblich negative Kräfte abwendet. Die Gaben umfassen neben dem Präsentkorb auch einen Hammel. Er wird geopfert und dann vom Vater unter den Bewohnern des *duar* verteilt.

Bei einigen Berberstämmen ist es wiederum ein Verwandter des heiratswilligen Jünglings, der für ihn bei der Familie der Erwählten vorspricht. Die Männer sitzen dabei um ein geflochtenes, mit Eichenblättern bedecktes Tablett und führen die Verhandlungen, während ihre Hände auf dem Rand des runden Tabletts ruhen. In der Mitte des Tabletts thront der *tamedlit*, ein ausschließlich zu diesem Zweck hergestelltes Tongefäß, das Butter und Honig enthält. Sobald man handelseinig geworden ist, kosten alle von dem Inhalt, während die freudigen Ausrufe der Frauen die gute Nachricht verkünden. Von diesem Brauch stammt der Ausdruck „den *tamedlit* anrichten lassen", den ein junger Berber verwendet, wenn er um die Hand einer Frau anhält.

Nachdem die Heirat beschlossene Sache ist, zieht man sich wieder nach Hause zurück, wo ein jeder auf den Tag des großen Festes wartet. Aus der Erwählten ist die Versprochene geworden, für die nun die letzten gemeinsamen Tage und Stunden mit ihrer Familie angebrochen sind, bevor sie auszieht und den Rest ihres Lebens unter einem anderen Dach verbringt.

Am Morgen des Hochzeitstages macht sich die Mutter des Bräutigams auf den Weg zu seiner Braut. Gemeinsam machen die Frauen die Braut für den großen Tag zurecht, färben ihre Haare mit Henna, zerschlagen ein Ei auf ihrer Stirn und ziehen ihr die neuen Kleider an. Herausgeputzt und mit all ihrem Schmuck behangen, verlässt die Braut, begleitet vom Jubel der Frauen, ihr Zuhause. Da ihre Füße an diesem Tag den Boden nicht berühren dürfen, werden einige Kleidungsstücke ausgelegt. Dann trägt sie ihr Bruder zum bereitstehenden Maultier. Nach ihrer Ankunft am Hochzeitszelt oder am Zelt ihres künftigen

Mannes vollzieht sie zunächst einige rituelle Handlungen, damit ihre Ehe fruchtbar und der Alltag in der neuen Familie von Herzlichkeit und Zufriedenheit bestimmt werde. In einigen Gegenden reicht man der Braut einen Krug Wasser, von dem sie einen Schluck nimmt, und belohnt das Maultier, das sie die ganze Strecke über getragen hat, mit zwei Händen voll Gerste. Ein paar Getreidekörner werden aufbewahrt und ausgesät, sobald es Zeit ist. Im Sommer wird dann die Ernte zeigen, ob die Braut viele Kinder bekommt oder nicht.

In einem anderen Dorf ziehen die Frauen der Braut bei ihrer Ankunft die rechte Sandale aus und waschen ihren Fuß. Das Wasser enthält Henna, Quelle der *baraka*, des Glück bringenden göttlichen Segens. Es wird anschließend rund um das neue Heim verspritzt. Die Berührung des Wassers, so sagt man, soll der noch etwas ängstlichen Braut Mut machen, die Welt ihrer neuen Familie zu betreten.

In anderen Landstrichen wiederum werden die Braut und ihr Gefolge mit Gewehrschüssen und lautem Geschrei im *duar* des Bräutigams begrüßt. Währenddessen umrundet die Braut dreimal ihr neues Zelt. Bei ihrer Ankunft am Hochzeitszelt wird sie mit Milch besprizt und anschließend ins Zelt getragen, wo sie den Firstbalken mit Butter bestreicht. Bei einem ähnlichen Brauch trinkt die Braut zunächst einige Schlucke Milch aus einem Krug, bevor sie auf der Schwelle zu ihrem neuen Zuhause ein Ei zerschlägt.

In bestimmten Regionen Kabyliens überreicht der Bräutigam seiner Liebsten eine Hand voll Weizen, dicke Bohnen und getrocknete Feigen sowie einige Crêpes und Krapfen. Sie küsst die Gaben und verteilt sie anschließend an die Kinder, die ihr mit einem Lied danken und Reichtum wünschen.

Häufig ist die Ankunft in ihrem neuen Familienkreis für die Braut zugleich die erste Begegnung mit ihrer Schwiegermutter. Beide Frauen werden fortan ihren Alltag miteinander teilen, wobei die jüngere der älteren zu Diensten ist. Die Tradition hat für dieses erste gegenseitige Kennenlernen ebenfalls eine Vielzahl von Bräuchen hervorgebracht. So wird die Braut beispielsweise von ihrer Schwiegermutter zunächst empfangen und ins Haus geführt. Dort bestreut diese ihre Knie mit einer Hand voll Weizen und bestreicht sich Brust, Herz und Stirn mit Honig. Anschließend wirft sich ihr die künftige Schwiegertochter dreimal zu Füßen und leckt dann den Honig ab. Dieses Ritual, so heißt es, lässt das Verhältnis der Frauen zueinander so mild und teuer werden wie Honig.

Endlich aber beginnt das eigentliche Fest, auf dem sieben Tage lang bis tief in die Nacht gesungen, gegessen und getanzt wird. Die islamische Hochzeit kennt keine religiöse Zeremonie, abgesehen vom Verlesen der *fatiha*, der ersten Sure des Korans am Tage der Übereinkunft beider Familien. Doch sie ist eine höchst gesellige und festliche Angelegenheit.

Während das junge Paar am Abend des ersten Festtages zusammenfindet, erleben die anderen Frauen und Männer den größten Teil der Feierlichkeiten getrennt. Hauptsache sind die nicht enden wollenden Festmahle, bei denen mehr und besser gegessen wird als das gesamte verbleibende Jahr und die Platten mit Bergen von Gebäck und Süßigkeiten nicht abreißen wollen. Es wird auch eine Reihe von Spielen veranstaltet, an denen die gesamte Hochzeitsgesellschaft teilnimmt. Bei einem wird der Bräutigam gejagt, dessen *haik* (mantelartiger Überwurf) mit Datteln gefüllt ist. Die Menge ruft sich gegenseitig zu: „Die *baraka* ist auf dem Wege! Fangt den Bräutigam!" Jener rennt davon, so schnell er kann, dicht gefolgt von den jüngsten und flinksten Hochzeitsgästen. Kurz bevor man ihn eingeholt hat, wirft der Bräutigam sämtliche Datteln mit einer weit ausholenden Geste über die Menge. Die Jüngeren sammeln und essen anschlie-

ßend die Früchte und Symbole des Überflusses. Das Spiel hat symbolischen Charakter und bringt die Hoffnung des Bräutigams zum Ausdruck, dass es ihm niemals an irgendetwas fehlen möge.

Bei einem anderen Schauspiel nähert sich der Bräutigam zu Pferde der Bank, auf der seine Braut während der gesamten Feierlichkeiten thront. Er bringt das Pferd zum Scheuen, so dass seine Vorderläufe auf der Bank zum Stehen kommen. Die Schöne entnimmt einem Futtersack einige Mandeln und Datteln und reicht sie dem Reiter. Dann bestreicht sie die Stirn des Pferdes mit Henna.

Bei einigen Stämmen kocht die Mutter der Braut gemeinsam mit den Angehörigen ihres *duar* am zweiten Tag der Feierlichkeiten einen großer Topf Brei, der hauptsächlich aus grob gemahlenem Weizenmehl besteht. Sobald der Brei ausgekühlt ist und alle Gäste bereit sind, gibt die Mutter das Startsignal. Sofort stürzt sich die gesamte Hochzeitsgesellschaft auf den großen Topf und beginnt sich gegenseitig zu besudeln. Dieser Brauch soll vor bösen Mächten schützen, die das Heim des frisch vermählten Paares bedrohen.

Am siebten und letzten Tag der Hochzeit ist das Ehepaar an der Reihe, sich mit einem dicken Brei zu beklecksen. Nachdem sie in ihrem neuen

Ein Hof im Alten Palast von Jennina, Algier
Pierre Lapra, 1883

Überdachte Gasse in der Medina von Fès, Marokko

Heim einander gegenüber Platz genommen haben, bringt man ihnen eine große Schüssel mit besagtem Brei. Der Mann formt einen Kloß und wirft ihn seiner Frau an den Kopf, die es ihm gleichtut. Kloß für Kloß wechselt nun die Seite, bis der gesamte Breivorrat verbraucht ist. Dank dieser symbolischen Schlacht wird das junge Ehepaar immer im Überfluss zu essen haben.

Schließlich enden die Feierlichkeiten, verstummen Gesänge und Gelächter. Die Feuer erlöschen, und ein jeder geht nach Hause. Am Morgen darauf macht der Ehemann seiner Frau die Haare zurecht; sie bereitet ihm die erste Mahlzeit ihres langen gemeinsamen Lebens, setzt sich dann den Krug auf den Kopf und bricht auf, um Wasser zu holen. Auf ihrem gesamten Weg verteilt sie Datteln an die Kinder, die ihr folgen, auf dass die Haushaltsarbeit, die ihr von nun an obliegt, von der Milde und Süße der Früchte sei.

Und so geht ihr gemeinsames Leben, Tag für Tag, bis zur nächsten großen Schwelle, der letzten im Leben, jener, die ins Jenseits führt.

DER BRAUTFINGER
(Eine Geschichte aus Algerien von Sana)

„Komm, mein Schatz, nimm einen Brautfinger", sagte meine Mutter zu mir. Ich sah sie verwirrt an. „Das ist doch nicht möglich", dachte ich. „Sie hat nicht nur einer Braut den Finger abgeschnitten, sie will auch noch, dass ich ihn esse!"

Und wirklich: Das war ein Finger, den sie mir da reichte, braun, wie mit Henna gefärbt (eine Braut bestreicht sich tatsächlich die Handflächen mit Henna), und ein bisschen geschwollen von der Hitze des Ofens. Angewidert lehnte ich ab. Niemals würde ich den Finger einer Braut essen! Viele Jahre beobachtete ich mit Schaudern, wie sich meine Freunde und meine Familie an diesem grässlichen Gebäck gütlich taten.

Bis zu jenem Tage, als ich die Küche betrat und fragte:

„Was machst du da?"

„Brautfinger", antwortete meine Mutter. Ich sah ihr aufmerksam zu, überzeugt, gleich die Finger einer Frau aus einer der Schüsseln auftauchen zu sehen. Aber alles, was da war, waren Teig, Honig und Öl.

Der Tod eines Nomaden

Wenn ein Mensch in der Wüste spürt, dass sein Leben zu Ende geht, beugt er sich nieder und zeichnet das charakteristische Stammeszeichen – jenes, das auch die Kamele tragen – tief in den Sand, damit dieser die Erinnerung daran bewahre.

Wie schon bei der Geburt eines Kindes, sind es die Frauen, die durch ihr Geschrei der Gemeinschaft des *duar*, des Weilers, in dem sie wohnen, die Todesnachricht überbringen. Die arabische Welt hat sich ihre Klageweiber bewahrt, und manche von ihnen sind sogar Professionelle geworden und begleiten mit ihren Wehklagen die gesamte Bestattungszeremonie.

Im Gegensatz zur westlichen Tradition, die eine gefasste und würdevolle Haltung gegenüber dem Verlust eines Menschen verlangt, muss sich in der arabischen Welt der Schmerz auf sichtbare Weise Luft machen, um das Herz wirklich zu erleichtern. Die Frauen in der Wüste zerkratzen sich das Gesicht, raufen sich die Haare und werfen Sand in die Luft, wie um das Unglück von der Welt der Lebenden abzuwenden.

Doch neben dem Wehgeschrei enthalten die Trauerriten der Nomaden auch viele Elemente, die an die Geburt erinnern. Die Angehörigen nennen den Verstorbenen zum Beispiel beim Vornamen seiner Mutter, damit sich seine Seele, die schließlich aus ihrem Leib erstanden ist, erneut aufschwingen und den toten Körper verlassen kann.

Der Körper des Toten wird übrigens für die Bestattung in der gleichen Weise gewickelt wie der eines Neugeborenen im Anschluss an die erste Waschung seines Lebens.

Wie bereits die anderen großen Ereignisse im Leben eines Menschen, mobilisieren auch die Begräbnisfeierlichkeiten den gesamten *duar* und fordern den Beistand und die Solidarität all seiner Mitglieder.

Es ist die Aufgabe der Frauen, das für die Leichenwaschung nötige Wasser zu beschaffen, das in Ermangelung durch Sand ersetzt wird. Dann versammelt man sich, trinkt ein paar Gläser Tee, isst einige Datteln, um den Schmerz zu lindern, lobt den für immer gegangenen Gefährten und erbittet Gottes Schutz für ihn und die Seinen. Man preist seinen Mut, seine Gutherzigkeit und Großzügigkeit und lobt seine kriegerischen Verdienste.

Auch heute noch erinnern sich die Nomaden häufig der Worte der Dichterin Khansa alias Tumadir vom Stamm der Banu Sulaim, die zu Zeiten des Propheten Mohammed lebte:

Orientalische Tänzerin
Edouard Richter, 1883

Oh meine Augen, dieser edle Herr
verdient all eure Tränen.
Aus seinem Antlitz so rein,
scheint hell leuchtend
die Vollkommenheit.
Als er starb,
verdunkelte sich die Sonne,
der Mond hörte auf zu wachsen.
Übermannt von ihrem Schmerz
beweinten ihn die Menschen.
Und die Dschinn standen jenen bei,
die tief in der Nacht noch wachten.
Sogar die Tiere begannen zu weinen,
als sie die traurige Kunde erreichte.

Der Verschiedene wird so bald wie möglich auf dem Friedhof, manchmal auch in der Wüste, begraben. Handelt es sich um einen Mann, errichten die Hinterbliebenen zwei Steine auf seinem Grab, je einen am Kopf- und am Fußende. Bei einer Frau sind es drei Steine. Einige Stämme fügen noch den Mühlstein hinzu, der ihr ein ganzes Leben lang treue Dienste geleistet hat. Auch nach der Beerdigung sorgt die Gemeinschaft des *duar* für die trauernde Familie. Drei Tage lang ruht die Küchenarbeit. Stattdessen versorgen die Mitglieder des *duar* die Familienangehörigen mit allem Lebensnotwendigen.

In der Vorstellung der Nomaden, und des Islam überhaupt, ist auch der Tod lediglich eine Phase des Übergangs. „Seht die Früchte, von denen wir uns auf Erden ernährten", heißt es im Koran. Denn wenn der Körper auch vergeht, der Geist bleibt. So leben die Menschen in der gesamten arabischen Welt auch nach dem Tod eines Angehörigen mit ihm zusammen und versorgen ihn weiterhin mit all den Speisen, die er schon zu Lebzeiten gerne aß.

Totenbräuche in Syrien

„Möge Gott den Toten Barmherzigkeit widerfahren lassen; sie liebten den Kuchen", singen die Bäcker und Süßwarenhändler hinter ihren bunten Auslagen. In der Woche vor dem *khamis al amwat*, dem Totendonnerstag, sind die Straßen der syrischen Stadt Homs überall gesäumt von Ständen, auf denen sich Berge von Kuchen und Gebäck auftürmen; und aus den Küchenfenstern strömt der Duft von *sumsumiyye* und *halawat al goz*, süßen Leckereien mit Sesam oder Nüssen, und kündet vom bevorstehenden Fest.

Der *khamis al amwat* ist ein beinahe schon in Vergessenheit geratenes syrisches Frühlingsfest, das an sieben aufeinander folgenden Donnerstagen im März und April begangen wurde. Der letzte

Donnerstag fiel dabei immer auf den Gründonnerstag des christlichen Osterfestes.

Für die Kinder beginnt das Fest jedoch schon viele Tage vor dem *khamis al amwat* mit reichlich gekauftem und hausgemachtem Kuchen. Am Nachmittag des Donnerstags begeben sich die Frauen auf den Friedhof. Sie haben einen Korb mit Kuchenresten dabei – die Portion für die Toten. An den Gräbern ihrer Angehörigen essen sie das eine oder andere Stück, während sie sich ihren Erinnerungen hingeben. Doch sie behalten stets einige Stücke zurück und schenken sie den Armen und den Koranlesern, die eigens zu diesem Anlass gekommen sind. Einige Frauen verschenken sogar den gesamten Inhalt ihres Korbes. Anschließend kehren sie gut gelaunt in die Stadt zurück, froh, eine Weile mit ihren toten Angehörigen verbracht zu haben.

Für die Frauen in Syrien hat die süße Opfergabe des *khamis al amwat* eine doppelte Bedeutung. Auf der einen Seite soll die Gabe die Reise des Toten ins Jenseits erleichtern. Auf der anderen Seite aber ist sie das symbolische Opfer eines Teils der Ernte an die Toten, in der Hoffnung, jene mögen Einfluss auf die Kräfte des Lebens nehmen, die dem Boden innewohnen. Es ist ein weit verbreiteter Glaube, dass die Toten mit den Kräften der Natur in Verbindung stehen und über das Wachstum des Getreides wachen, das seine Kraft aus dem Boden schöpft. Aus diesem Grunde ist Getreide die Grundlage sämtlicher Speisen, die anlässlich des Totendonnerstags zubereitet werden. Die Tradition des *khamis al amwat* gerät mehr und mehr in Vergessenheit. Doch der Besuch auf dem Friedhof und die süßen Opfergaben haben überdauert und mit ihnen auch ihre symbolische Bedeutung. Es ist über Homs hinaus in der gesamten arabischen Welt ein weit verbreiteter Brauch, Kuchen und Gebäck mit den Toten zu teilen, um die Kräfte der Natur positiv zu stimmen. Die Mohammedaner nennen diesen Brauch *sadaqa*. Etymologisch vereint der Begriff Freundschaft und Harmonie zwischen der Welt der Lebenden und der Welt der Toten.

Die Kinder und die Armen stehen den höheren Mächten am nächsten, denn sie sind von allen die reinsten und unschuldigsten Mitglieder der Gemeinschaft. Daher werden sowohl die Armen als auch die Kinder am Totendonnerstag beschenkt.

In Palästina nehmen die Frauen Eier mit auf den Friedhof; man bemalt sie in großer Zahl und schenkt sie am Totendonnerstag den Kindern. Hier zeigt sich die enge Übereinstimmung zwischen Opfergabe an die Toten und Fruchtbarkeitsritual.

Die Zeit des Feierns

Oh Sohn des Scharid!
Trotz der großen Entfernung, die uns trennt,
verehren wir einen Menschen in dir,
der die Augen nicht verschloss,
der die köstlichsten aller Speisen
mit Freuden teilte,
wenn uns die Trockenheit traf.
(…)
Nie sahst du ihn essen,
ohne auch anderen zu geben.
Grenzenlos war seine Großzügigkeit,
sie sättigte viele Hungernde.
In ihrer Not zeigte er sich freigebig und
verschwenderisch mit seinem Reichtum.

KHANSA (TUMADIR), ARABISCHE DICHTERIN
AUS DEM STAMM DER BANU SULAIM, 7. JAHRHUNDERT

Linke Seite: Festliche Gewänder
Etienne Dinet

Die Feste des Islam

Ihr Gläubigen!
Euch ist vorgeschrieben zu fasten,
so wie es auch den Generationen, die vor euch lebten,
vorgeschrieben war.
Vielleicht werdet ihr gottesfürchtig sein.

Fastet eine bestimmte Anzahl von Tagen.
Und wenn einer von euch krank ist
oder sich auf Reisen befindet,
so faste er danach eine gleiche Anzahl von Tagen.
Und diejenigen, die fasten könnten
und es dennoch versäumen, sind als Ausgleich
zur Speisung eines Armen verpflichtet.
Und wenn einer freiwillig ein gutes Werk tut,
so wird er sein eigenes Heil darin finden.

Es ist gut für euch zu fasten.
Vielleicht werdet ihr verstehen.
KORAN, KUH-SURE, 183, 184

Seit dem Beginn des Zeitalters der Hidschra (Aus-wanderung des Propheten von Mekka nach Medina 622 n. Chr.) befolgen die Moslems diese göttliche Weisung des Fastens im Monat des Ramadan. Vom ersten Schein der Morgendäm-merung, bis die Sonne wieder verschwunden ist, darf ein Moslem während des Ramadan weder essen noch trinken. Doch das Fasten darf nicht allein als Ausdruck von Religiosität verstanden werden, zumindest in jenen Gesellschaften nicht, in denen es freiwillig ist. Es gibt durchaus Mos-lems, die die allgemeinen Ess- und Trinkvor-schriften keineswegs beachten und auch sonst keine treuen Anhänger ihres Glaubens sind und dennoch am Ramadan teilnehmen. Neben der Enthaltsamkeit ist der Monat des Ramadan vor allem durch das Wiedersehen von Freunden und Familie geprägt. Es ist eine Zeit der großen Zu-sammenkünfte, die den sozialen Zusammenhalt stärken und für all die erlittenen Entbehrungen des ausgehenden Jahres versöhnen.

„Wer immer von euch den neuen Mond erblickt, der faste einen ganzen Monat lang", gebietet Allah durch die Stimme Mohammeds. Es ist also der Mond, der den Beginn der Fastenzeit bestimmt: Die Nomaden beobachten ihn aus der Einsamkeit der Wüste; die Imans erklettern seinetwegen die höchsten Minarette, und in den Städten der westlichen Welt erwarten die Religionsführer den ersten winzigen Strei-fen des Mondes hinter riesigen Fernrohren. Dann verkünden sie, dass der Moment gekom-men ist.

Dem Monat des Ramadan gehen unzählige Vorbereitungen voraus, die überall sichtbar von

Chetahâte (die Tänzerinnen). Fest der Frauen während einer
arabischen Hochzeit in Tlemcen (Provinz Oran)
Gaston Saintpierre, Genf

seiner bevorstehenden Ankunft künden. In den Straßen Kairos zum Beispiel sieht man allen Ortes Holzkarren, bedeckt mit Engelshaar und kleinen Pfannkuchen, stehen. Sie bilden die Grundlage für zwei Gebäcksorten, die nur zum Ramadan hergestellt werden. *Kunafa* heißt die eine, und sie erinnert an eine zerzauste Perücke, die auf ein Bett aus zerstoßenen Mandeln drapiert wird. Die andere nennt sich *qataif* und gleicht kleinen, mit Rosinen, Mandeln oder Nüssen gefüllten Croissants, die in Fett gebacken und anschließend in Honig getaucht werden. Ein weiteres Zeichen für den herannahenden Ramadan ist das zunehmende Schwinden der Zucker-, Mehl-, und Honigreserven in den Lebensmittelgeschäften und die immer größeren Pyramiden verführerischer Süßigkeiten in den Bäckereien. In Marseille sieht man in den Straßenwinkeln so manchen improvisierten Stand, schnell errichtet aus zwei Böcken und einem Brett, auf dem Kuchen und Gebäck auf ihre Käufer warten. Selbst die Kolonialwarenläden, Schawarma-Imbisse und Saftstände haben eine Auswahl an Gebäck in den Auslagen ihrer Vitrinen, um die starke Nachfrage zu befriedigen.

Für die Frauen besteht während des Ramadan der Tag in erster Linie aus der Vorbereitung des abendlichen Festes. Je mehr der Tag voranschrei-tet, desto greifbarer wird die Anspannung der Menschen, die sich – manche am Rande der Raserei – in den Straßen und auf den Dächern der Häuser drängen, um schlagartig zu verschwinden, kaum dass der Gesang des Muezzins ertönt. Plötzlich ist das Treiben vorüber; man ist bereit zum Essen, und in die entspannte, abendliche Stille erschallt der Ruf zum Gebet:

„Allah ist groß!
Es gibt keinen Gott neben Allah!
Mohammed ist sein Prophet!"

Es heißt, der Prophet Mohammed habe während des gesamten Ramadan zu jeder Mahlzeit nur ein paar Datteln und etwas Kamelmilch zu sich genommen. Die Tradition, das tägliche Fasten mit einer Dattel zu beenden, haben die Moslems bewahrt, doch das anschließende Essen ist jedes Mal ein Festschmaus! Unaufhörlich scheint die Folge der Speisen, wird ein Gericht nach dem anderen aufgetischt – auf Suppe folgt Fleisch, danach die Gemüse und schließlich die Krönung eines jeden Festessens: die unausweichliche Platte mit köstlich duftendem Gebäck. Das Essen vereint stets die gesamte Familie sowie Freunde und Verwandte, wobei man sich mit den Einladungen abwechselt.

Flasche mit Olivenöl

Auch die Ärmsten haben das Recht, würdig bewirtet zu werden. Sie sind Gäste am Tisch des Barmherzigen, dem *maidat al rahman*. Meist werden in einer Straße Holzplatten auf Böcken errichtet, manchmal ein richtiger großer Tisch unter einem bunten Zeltdach. Jeder, der will, erhält dort eine Mahlzeit, ohne einen Pfennig zu bezahlen. Doch in der Regel kommen dort nur die Bedürftigsten zusammen, um das Fasten zu brechen. Das Essen stammt von den Bewohnern des Viertels. Jeder spendet an eine Kollekte, so viel er kann oder möchte; der Schlachter steuert ein paar Stücke Fleisch bei, der Bäcker einige Teller voll Kuchen; Männer und Frauen wechseln sich ab an den Töpfen, und jeder hilft, die Hungrigen zu bewirten, die sich nach Sonnenuntergang am Tisch einfinden. Die Helfer selbst essen erst, wenn der Letzte der Armen satt ist. Einige Tische der Barmherzigkeit sind besonders beliebt, und zwar jene, die von bekannten Persönlichkeiten unterhalten werden. Der Tisch von Fifi Abdou, einer der bekanntesten ägyptischen Tänzerinnen der neunziger Jahre, ist so ein Fall. Es geht das Gerücht, dass man an ihrem Tisch besser isst als in sämtlichen Restaurants Kairos. Um an diesem berühmten Tisch einen Platz zu bekommen, muss man sich früh auf den Weg machen, denn viele andere haben dasselbe Ziel.

Nach diesem ersten Imbiss folgt eine Ruhepause. Meist versammelt sich die Familie dazu vor dem Fernseher – man lebt schließlich in modernen Zeiten – und schaut eine Komödie an oder eine der beliebten Seifenopern (*mussalsilat*). Besonders die Frauen sind ganz verrückt nach diesen Familiensagas à la „Lindenstraße" auf Ägyptisch – oder amerikanischen Soaps.

Anschließend beleben sich die Straßen wieder. Alles drängt hinaus, um gestärkt vom *iftar* die frische Luft zu genießen. Bis zum frühen Morgen sind die Cafés und Festzelte mit Musik erfüllt; Leute kommen herein auf einen Kaffee und eine kleine süße Leckerei, um dann weiter ihre Runde zu drehen.

Der Ramadan stellt das gesamte Leben auf den Kopf: den Rhythmus der Tage, die Arbeitszeiten, die Öffnungszeiten der Geschäfte. Die Armen essen besser als das ganze restliche Jahr. Innerhalb eines Monats steigt der Lebensmittelverbrauch eines Landes wie Ägypten um das Doppelte. Außerdem erlaubt das Fasten die recht liberale Auslegung einiger sozialer Regeln und trägt so zur Festigung von Identität und Solidarität der muslimischen Gemeinschaft bei.

Nach dem nächsten Neumond endet der Ramadan mit dem dreitägigen *aid al fitr*, wörtlich: „Fest der Aufhebung".

Der Islam kennt zwar keinen Weihnachtsmann, doch der *aid al fitr* ist auch ein Fest der Geschenke: ein goldenes Schmuckstück für die Allerliebste, Kuchen für die Nachbarn, ein nagelneuer Geldschein mit einer netten Widmung, neue Kleider für die Kinder, die die eigentlichen Helden dieses Festes sind. Den ganzen Tag toben sie herum, prahlen mit ihren brandneuen Kleidern und kauen Bonbons. Die Frauen backen *kark*, ein Sandgebäck, das manchmal auch mit buntem Zuckerguss überzogen und zu einem heißen Getränk gereicht wird. Mag der abendländische Geschmack noch so empfehlen, diese Kekse in Kaffee oder Tee einzutauchen, in der arabischen Welt wird diese Angewohnheit mit Geringschätzigkeit gestraft und gilt als geradezu vulgär!

Am *aid al fitr* wird auch der *zakat* entrichtet, eine Almosenabgabe, die zu den fünf Grundpflichten im Islam zählt und zumeist aus einer Geldspende an die Moschee und die Armen besteht. In Kabylien unterliegt der *zakat* einem strengen Ritual. Umfang und Art der Spende richten sich nach der Zahl der Familienangehörigen. Der Anteil der noch lebenden Mitglieder wird in Gerste bemessen, der der in jüngerer Vergangenheit Verstorbenen in getrockneten Feigen. Die Männer begeben sich mit der Spende zur *djema*, der Bürgerversammlung, um sie dem örtlichen Imam

DER MET

Fort mit dem Überdruss, in Bausch und Bogen!
Es lebe die Liebe! Trinken musst du nun!
Trink den Wein, der klar ist wie das Auge des Hahns,
trink ihn von der schwarzweißen Gazelle!
Goldener Wein mit blauem Schimmer,
sein Freudentaumel ist unerreicht. (...)
Er stammt nicht vom Rebstock, nicht von der Palme,
Kurz und gut: es ist der Met.
Er ist aus Honig, den die Bienen bereiten in ihrem Stock.
Sie sammeln den Nektar der Blumen in den Tälern
und benetzen sich am klaren Weiher. (...)
Wenn die Honigwaben verkleben im Stock,
kommen die Arbeiterinnen und löschen ihren Durst.
Dann ist der Tag der Honigernte.
Vom Schaum befreit, überm Feuer gereinigt,
gießt man ihn, mit Nilwasser gemischt,
in einen großen Kessel, tief wie ein Brunnen.
Und später mit Vorsicht in große Krüge,
braun, verblichen und staubbedeckt.
Dort, unter einem Stöpsel aus Ton, wird er ruhen,
sobald sein brausender Sturm vorüber ist.

Abu Nuwas, 8. Jahrhundert, Gedichte

zu überreichen. Der Anteil der Frauen kommt den Armen zugute, die von Tür zu Tür gehen und Feigen und Gerste entgegennehmen. Der Anteil der Kinder entfällt auf die *qibla*, die sie zur Welt gebracht hat.

Dann geht das Leben wieder seinen normalen Gang, und der Körper gewöhnt sich langsam wieder an die einfachen Mahlzeiten des gewöhnlichen Alltags. Tag um Tag, Woche um Woche vergehen, bis am 77. Tag nach dem Ramadan das Fest des *aid al kebir* vor der Tür steht. Es erinnert an die Geschichte Abrahams, der im Schlaf den göttlichen Befehl empfing, seinen Sohn zu opfern. Doch gerade als er diesem die Kehle durchschneiden wollte, hielt Allah ihn zurück und sandte ihm einen Hammel. Allah hatte so den Beweis für Abrahams unbedingten Glauben, seine Ergebenheit und sein blindes Vertrauen. Jedes Jahr wird im Islam mit einem Hammelopfer an diese Geschichte erinnert. Es ist die fest verankerte Tradition einer Religion, deren Name „Islam" selbst „Unterwerfung" bedeutet. Der *aid al kebir* scheint die islamische Entsprechung des jüdischen Passah oder des christlichen Osterfestes zu sein.

Der Gott der Christen ließ seinen eigenen Sohn töten, um die Menschen an seine Liebe sowie an ihre Pflicht zum Gehorsam zu erinnern. Das jüdische Passahfest feiert den Auszug der Kinder Israels aus Ägypten mit der Opferung eines Lamms, durch die Jahwe seine wirklichen Anhänger erkennen konnte. Im Grunde wird immer die gleiche Geschichte einer Opferbringung erzählt, die die Gläubigen zum Gehorsam und zur Treue gegenüber ihrem Gott aufruft.

Obwohl es Frauen nicht verboten ist, ist das Schlachten des Hammels Sache der Männer. Das Ritual wird am frühen Morgen des ersten Tages der Feierlichkeiten auf der Terrasse, im Hof oder im Garten vollzogen. Jeder Moslem kann das Ritual vollziehen, wenn er sich zuvor der Waschung unterzogen hat, wie es auch vor dem Gebet üblich ist. Man schuldet dem Opfertier den gleichen Respekt, den Abraham seinem Sohn entgegenbrachte. Es darf weder die Klinge des Messers zu sehen bekommen, noch dürfen zwei Tiere einander gegenüberstehen, da sie sonst Angst bekämen. Die Kehle nach Mekka ausgerichtet, wird das Lamm dann mit einem gezielten Schnitt im Namen Allahs geopfert, wobei es nicht leiden darf. Das Opferritual hat nichts Tragisches an sich. Die ganze Familie ist zugegen; man trinkt einen Fruchtsirup und isst ein paar Trockenfrüchte. Gleich nach der Schlachtung machen sich die Frauen an die Zubereitung der Innereien. Das übrige Fleisch muss erst ein

Liebespaar beim Picknick
Sultan Muhammad zugeschrieben.
Aus der Handschrift des Diwan von Hafiz

paar Tage abhängen, bevor es aufgeteilt und gegessen wird. Der *aid al kebir* bietet einmal mehr Gelegenheit, in Hülle und Fülle aufzutischen, und natürlich dürfen auch diesmal die süßen Leckereien nicht fehlen.

Das letzte der großen Feste im Islam ist die *achura*, das muslimische Neujahrsfest, das im Koran nicht erwähnt wird. Es wird am ersten Tag des Mondjahres gefeiert. Dieser geheiligte Tag ist mit einer Unzahl von Ver- und Geboten belegt, die von den Frauen peinlichst genau befolgt werden. Sie unterlassen strikt jegliche Wäsche, da sie ihre Finger lähmen würde, nehmen keinen Besen zur Hand, um mit seinen Borsten nicht die *baraka* zu vertreiben und den bösen, im Boden hausenden Geistern Tür und Tor zu öffnen. Außerdem schminken sie den kleinen Mädchen zum Schutz die Augen mit *khol*. Die kabylische *achura* dauert sieben Tage. Ein weit verbreiteter Brauch ist das Eiersammeln. Geführt von einem

Mann mit einem Stock läuft die Kinderschar durch das ganze Dorf und sammelt an jeder Tür fünf Eier und einige Krapfen. Ist in einer Familie im ausgehenden Jahr ein Junge geboren worden, so bekommen sie sogar 29 frische Eier. Am Abend wird die Ausbeute unter den Kindern zu gleichen Teilen verteilt.

Die Frauen in Kabylien stellen in der ersten Nacht der *achura* Mehl, Wasser und Salz hinaus, um sie der Kraft der Sterne auszusetzen. Am folgenden Morgen bereiten sie daraus einen Teig, aus dem sie sieben kleine Fladen backen. In einem Krug mit Weizen, Gerste oder Feigen aufbewahrt, soll dieses nächtliche Gebäck die Haltbarkeit von Getreide und Früchten fördern.

Das Fest der *achura* hat seinen Ursprung zweifellos in vorislamischen Bräuchen, denn es erinnert an viele bäuerliche Sitten und Gebräuche und an saisonale Feste, die heute besonders in den ländlichen Gegenden noch gefeiert werden.

DIE ABENTEUER DES NASR EDDIN

Eines Tages lädt Nasr Eddin einige Freunde zu sich zum Essen ein. Er kocht einen Hammeleintopf, bei dem er Kosten und Mühe nicht scheut, denn die verbleibende Brühe wird ihn sicher noch einige Tage ernähren. Tags darauf weiß bereits das gesamte Viertel, dass Nasr Eddin einen denkwürdigen Gaumenschmaus bereitet hat. Gemeinsam machen sich einige auf den Weg und klopfen bei ihm an die Tür:

„He, Nasr Eddin, wir sind Freunde von deinen Freunden. Lass uns von der köstlichen Brühe probieren, die sie so hoch gelobt haben. Du hast doch sicher noch etwas übrig."

Nasr Eddin kann ihnen den Wunsch nicht abschlagen und gibt widerwillig jedem eine kleine Schüssel voll Brühe. In Windeseile verbreitet sich die Nachricht von Nasr Eddins kostenloser Bewirtung, und schon am nächsten Tag erscheinen noch mehr, ihm völlig unbekannte Leute: „Wir sind Freunde von deinen Freunden. Du hast doch sicher noch etwas von dieser leckeren Brühe..."

Nasr Eddin bittet sie herein und serviert jedem eine große, dampfende Schüssel.

„Aber das ist ja Wasser!", schreien seine Gäste auf, nachdem sie probiert haben.

„Meine lieben Freunde der Freunde meiner Freunde", kontert Nasr Eddin, „ihr scheint eure Zungen vergessen zu haben, das ist die Brühe der Brühe von der Brühe."

Ländliche Feste

„Gott schuf die Welt ohne Makel,
er teilte das Jahr in Jahreszeiten;
eine machte er zur Hölle
mit Wind, Regen und Schnee, der das ganze Tal bedeckt;
Das Korn ist bald erschöpft, und ein jeder leidet Hunger.
Eine andere bringt die Sonne,
die die Gerste auf dem Dreschplatz golden färbt.
Gepriesen sei Allah, der mit der Zeit macht, was Er will",

so heißt es in einem Lied der marokkanischen Berber, in dem Gott und die Naturkräfte eins sind. In der arabischen Welt glauben die Bauern, dass der Boden von Geistern und Dämonen bewohnt wird, die vom Menschen Respekt verlangen und das ganze Jahr behutsam umsorgt werden wollen. Darum werden bei den landwirtschaftlich geprägten Volksgruppen besonders die Ereignisse im Verlauf der Jahreszeiten gefeiert, die als bedeutend für das Leben in der Erde gelten: die Sommersonnenwende, die Tagundnachtgleiche, der Beginn der Feldbestellung und die Erntearbeit.

Vor allem die Frauen pflegen allerlei symbolische Bräuche, um das Gleichgewicht der Welt zu wahren, die Fruchtbarkeit des Bodens zu steigern und die Mächte des Bodens gütig zu stimmen.

Das erste Fest der Berber im Hohen Atlas ist der *idn usgwas* am Neujahrstag, eine Feier, die das Gleichgewicht der Welt erhalten soll. Jene ruht in ihrer Vorstellung nämlich auf dem Horn eines Stieres, dessen Füße wiederum auf vier Eiern stehen. Am ersten Tag in jedem Jahr verlagert sich die Erde von einem Horn auf das andere – ein wahrlich heikler Vorgang! Die Tradition will, dass die Frauen in jeder Familie einen Couscous aus sieben verschiedenen Gemüsen bereiten, von denen sie einem jungen Kalb zu essen geben. Geschmeichelt durch so viel Aufmerksamkeit – so glaubt man – werde sich der Stier besonders achtsam zeigen.

Sobald der Frühling in den fruchtbaren Ebenen einzieht, werden die ersten Früchte der Natur den lokalen Heiligen überbracht, um sich ihren Schutz zu sichern. Im Norden des heutigen Jordanien werden beispielsweise die ersten Liter Milch und die erste Butter im Jahr zur Stätte der Heiligen getragen. Manche geben sie dort dem örtlichen Aufseher, damit er ein gutes Wort für sie einlege. Andere vergießen die Milch auf dem Boden oder bestreichen Türrahmen oder einen Stein der heiligen Stätte damit. Oder sie stellen alles neben eine Lampe, die zu Ehren des Heiligen entzündet wird. Es ist ausdrücklich verboten, von den ersten Milchprodukten der Saison

Teezeremonie in einem Café in Tunis

zu kosten, bevor diese Opfer erbracht wurden. Das Gleiche gilt für frisch geerntetes Getreide, frisch gepresstes Öl und für die ersten Früchte, aus denen alle möglichen Sorten Kekse und Plätzchen gebacken und den Heiligen übergeben werden, um Reichtum und Wohlstand über den Stamm zu bringen.

Auch die Zeit der Feldarbeit wird durch verschiedene Bräuche eingeläutet. In einigen Dörfern legen Frauen, die bereits ein Kind zur Welt gebracht haben, ein paar Eier und Granatäpfel in die Mulde der ersten, frisch gepflügten Ackerfurche. Anschließend bespritzen sie Kinder und Vieh mit Wasser. Am ersten Tag des Pflügens ist es verboten, Backwerk zu essen, das Getreide enthält. Man glaubt, es würde die Ernte verdorren lassen. Vielfach wird auch ein festliches Mahl zu Ehren Allahs veranstaltet. Danach verstreuen die Kinder einige Hände voll Saatgut, während sie ein Gebet aufsagen.

Mit dem Ende der Erntezeit beginnt zugleich die Saison der Hochzeiten und Einladungen. Denn die Erde hat ihre Früchte gespendet, und so lässt sich abschätzen, welchen Umfang die geplanten Festlichkeiten haben dürfen. Im Hohen Atlas erstrecken sich die Feste und Feiern auf einen einzigen Monat am Ende des Sommers. Aber in diesem Monat kennt man keine Grenzen. Es wird doppelt so viel gegessen wie gewöhnlich und zu jeder Mahlzeit gibt es Fleisch. Alle Speisen sind sehr fettreich, was als Zeichen des Wohlstands gilt. Am Anfang und am Ende jedes Festes steht der unvermeidliche Tee, der reichlich gezuckert und im schönsten Service aufgetragen wird.

Sobald die Saison des Feierns eröffnet ist, gilt es sich zu vergnügen, sich gegenseitig einzuladen, zu lachen und zu erzählen.

Wenn sich im Herbst der erste Frost ankündigt, pflegen einige Bauern eine Getreidegarbe zu vergraben, um mit dieser letzten Opfergabe für einen fruchtbaren und großzügigen Boden im nächsten Frühjahr zu sorgen.

In Tunesien gibt es einen Nomadenstamm, der sich zur Tagundnachtgleiche im Herbst versammelt, um gemeinsam die *zerba* zu teilen, ein großes, kollektives Festmahl zu Ehren eines Heiligen und verdienten Stammesvorfahren, der durch die Erinnerung an seine Heldentaten noch heute Einigkeit und Zusammenhalt des Stammes festigt.

Doch die *zerba* ist auch ein Heiratsmarkt und Volksrummel und bietet Gelegenheit für allerlei Tausch- und sonstige Geschäfte und eine letzte Ablenkung von dem unaufhaltsam näher rückenden Winter.

DIE ABENTEUER DES NASR EDDIN

Eine große Dürre über mehrere Monate hatte zu einer Hungersnot geführt. Doch niemand müsste wirklich am Hunger sterben, denn die Reichen hatten umfängliche Reserven aus Weizen, Öl, Trockengemüse und Dörrfleisch angelegt. Eines Tages sagt also Khadidja zu ihrem Mann:

„Nasr Eddin, deine Stimme hat in der ganzen Stadt Gewicht. Statt die Hände in den Schoß zu legen, geh lieber zum Dorfplatz, ruf die Leute zusammen, und versuche die Reichen zu überzeugen, den Armen zu essen zu geben."

Nasr Eddin findet, dass seine Frau ausnahmsweise einmal Recht hat. Er macht sich also gleich auf den Weg und kehrt zwei Stunden später mit zufriedener Miene zurück.

„Khadidja, danken wir Allah dem Barmherzigen!"

„Ah, du hast also Erfolg gehabt?"

„Es war kein leichtes Spiel. Zur Hälfte."

„Wie, zur Hälfte?

„Mir ist es gelungen, die Armen zu überzeugen."

Die Feste der Heiligen

Noch heute gibt es in Ägypten eine kleine Truppe von Marionettenspielern, die über das Land und durch die Dörfer zieht und Groß und Klein die Geschichte vom *mulud* des Al Rifai erzählt. Der *mulud* ist das Geburtstagsfest eines Heiligen. Obwohl der Heiligenkult im Islam verboten ist, nutzen in der gesamten arabischen Welt viele Gläubige den Tag, um zum Grab des Ortsheiligen zu pilgern. Sobald *al laila al kibira*, die Nacht der großen Gedenkfeier, anbricht, bevölkert sich die Umgebung der Moschee mit Pilgern und Bewohnern des Viertels. Der ägyptische Dichter Salah Jahine hat sie alle in Marionetten verwandelt. Seine Geschichte vom bunten, ausgelassenen Treiben in der Nacht des *mulud* des Al Rifai wurde von Sayyid Makkawi vertont. Sie handelt von einem Mann, der Hummus verkauft, jene leicht säuerliche Kichererbsencreme, die die jungen Ägypter für ihr Leben gern essen. Von einer Schar Kinder, die durch die Straßen läuft, einem wehmütigen Sänger und einer Zigeunerin, von süßem Naschwerk und Spitzhüten. Eine hübsche Geschichte, die so beginnt:

Auf einer breiten, staubigen Straße stehen kleine Verkaufsbuden dicht nebeneinander. Ein Hummusverkäufer singt:

– „Hummus, Hummus, Hummus! Wer den Hummus erblickt, weitergeht und ihn nicht probiert, ist wie ein Verliebter, der seine Geliebte sucht, aber nicht kriegt."

– „Seht, da kommt eine fremde Dame und nimmt davon für eine Guiné!"

– „Nur herein, nur herein! Ein Foto 6 x 9? Ein Porträt von Ihnen allein? Nur herein, nur herein!", ruft ihr der Fotograf von nebenan zu.

Kommt eine Schar Kinder vorbei, große und kleine, und rennt mit Geschrei zur Schießbude. Vorneweg die Marionette, die sie die ganze Nacht führt und mit näselnder Stimme für jedermann das Fest kommentiert:

– „Die Nacht wird lang, mein Lieber, und die Menschen sind viele", singt sie. „Alle möglichen Zelte gibt es da, sogar auf der Straße stehen sie. Von überall kommen sie her. Seht da, die Bauern und dort die Leute aus dem Süden. Da hinten die vom Kanal und dort welche aus Rashid" – und so geht ihr Lied.

– „Halte nur die Augen auf, mein Kind, und ziele gut. Wenn du triffst, bekommst du eine kandierte Frucht", verspricht der Schießbudenbesitzer. „Und gib auf deine Taschen Acht, gib Acht, dass das Spiel kein anderer macht. Nur Mut und ziele gut. Gott segne dich, du schießt noch besser als ich! Hier, nimm eine Frucht!"

In einem muslimischen Haus in Istanbul, Türkei

Türkischer Kaffee und Lokum

– „Ja los, nimm eine Frucht", stimmen die Kinder ein. Dann ziehen sie weiter zum Stand mit den spitzen Hüten:

– „Kommt her, nehmt sieben Hüte, dazu Trompeten und Schellen in die Tüte. Sieh, mein Kind, die Vögel aus Papier, wie schön sie sind", lügt der Hutverkäufer. „Papiervögel und Spitzhüte!"

Jeder einen Hut auf dem Kopf, zieht der Trupp weiter und begegnet, angeführt vom Klang der Flöte, einer Gruppe frisch Beschnittener.

– „Oh Mutter des Beschnittenen, streue sieben Mal Salz auf die Stätte des Heiligen. Oh mein Kind, tritt ein in die Moschee, und entzünde sieben Kerzen", singt eine Zigeunerin.

Im Café gegenüber sitzen ein paar Männer und kommentieren das Geschehen:

– „Man ist bereits bei der siebten Beschneidung am heutigen Tage", erzählt der Wirt.

– „Das ist normal. Heute ist der *mulud*", sagt ein anderer. „Wenn doch auch meine Kinder dabei wären. Duqduq, bring uns noch zwei Tees und einen Kaffee."

– „Guten Abend euch, die ihr da wie Rosen auf euren Stühlen sitzt", grüßt der Sänger, der, kaum angekommen, um ein Ständchen gebeten wird:

– „Sing uns etwas, Maestro Hantira. Sing, wir bitten dich! Wir werden bis zum frühen Morgen bleiben! Nun fang schon an, sing uns etwas!"

Da erhebt sich seine Stimme in der Nacht:

„Oh Gazelle, Gazelle,
Nichts steht unserer Liebe entgegen.
Du hast mich verzaubert,
Deine Lippen sind wie Erdbeeren,
Ich kann ihnen nicht widerstehen.
Oh herrliche Nacht, oh Du mein Herr,
Du kennst mein Herz!
Besänftige meine Angebetete,
Dass sie gefügig wird.
Und ich singe wieder und wieder:
Oh Gazelle, oh herrliche Nacht."

Und allesamt stimmen die Männer voll Inbrunst in den Refrain ein, und während sie nach der *chicha* (Wasserpfeife) rufen, verlangen sie noch mehr Lieder. Ein paar Gassen weiter, in einem anderen Café, tanzt eine junge Frau und singt dazu ein kokettes Lied:

„Meine Kleider flogen fort,
etwas an ihm hat mich verzaubert,
die Liebe vollbrachte den Rest.
Auf der Terrasse des Nachbarn
ergriff er mich, der Nachmittagswind,
und führte mich zu dir,
und du, du ahnst es nicht einmal."

Laut erschallt das Echo des Publikums, und im Takt der Melodie lässt die Sängerin die Schellen an ihren Hüften erklingen.

Ein Stück weiter betrachten die Kinder in einem Zelt schweigend ein paar Männer beim *dhikr*, dem Meditationstanz der Sufis (Anhänger einer asketisch mystischen Richtung im Islam). Einen Turban auf dem Kopf und in weiten Gewändern bewegen sie zuerst ihre Köpfe, dann den ganzen Körper hin und her in geschmeidigen, rhythmischen Bewegungen. Und einer von ihnen singt:

Guten Tag, euch allen.
Diese Nacht ist eine Nacht der Freundschaft und der
schrillen Töne.
Mir ist im Traum der Scheich des mulud erschienen.
Seine Gestalt war strahlend,
Strahlend wie das Licht des Propheten.

Inzwischen, schon ein bisschen müde von ihrem Rundgang, schlendern die Kinder weiter durch die Straßen, die sich bereits langsam zu leeren beginnen. Und als sie hören, wie das Morgengebet ertönt, halten sie inne, reiben sich die Augen und laufen nach Hause.

Kein Kind in Ägypten, das nicht im Laufe seines Lebens einmal die Geschichte von *al laila al kibira* gehört hat. Sie ist in etwa das, was für ein deutsches Kind „Rotkäppchen" oder „Peter und der Wolf" ist. Diese Marionetten erzählen schöner von diesem großen Volksfest, seinen Klängen, Bildern, Späßen und Stimmungen als jedes Buch.

DIE REISEN DES IBN BATTUTA

Man muss wissen, dass die Bewohner von Mekka nur ein einziges Mal am Tag essen, und zwar nach dem Gebet des „asr". Diese eine Mahlzeit muss bis zur gleichen Stunde des folgenden Tages reichen. Wer zwischendurch Appetit bekommt, begnügt sich mit ein paar Datteln. So erklärt sich die gute körperliche Verfassung dieser Menschen und ihre geringe Anfälligkeit für Krankheiten und Gebrechen. (...) Schließlich machten wir uns wieder auf den Weg und erreichten während der Morgenstunden die Stadt Basra. (...) Dort gibt es prächtige Straßen und zahlreiche Obstgärten mit köstlichen Früchten. Die Schönheit und der Reichtum dieser Stadt sind groß, denn sie liegt dort, wo sich das süße und salzige Wasser zweier Meere vereint. Es gibt keinen Ort auf der Welt, der reicher ist an Dattelpalmen als diese Stadt. (...) In Basra wird aus Datteln der „sailan" hergestellt, ein sehr wohlschmeckender, honigartiger Sirup.

Gewürzmarkt in der Medina von Fès, Marokko

Aus religiöser Sicht haben die Pilgerfahrten zu den Grabstätten der Heiligen viel mit der Haddsch gemein, jener großen Wallfahrt, die jeder Mohammedaner wenigstens einmal in seinem Leben gemacht haben muss. Doch viele behaupten, dass der Besuch ein und derselben bedeutenden Heiligenstätte in mehreren aufeinander folgenden Jahren einer Pilgerfahrt zu Mohammeds Grab gleichkommt. Während ihrer sieben Runden um das heilige Grab bitten die Pilger um Vergebung und göttlichen Segen. Dann entrichten sie eine Opfergabe und trinken aus einem Brunnen oder einer Quelle geweihtes Wasser, wie es einst Mohammed tat. Ob aus Mekka oder von einer anderen Heiligenstätte, die islamischen Pilger kehren nie mit leeren Händen zurück. Sie bringen große, mit geweihtem Wasser gefüllte Flaschenkürbisse, allerlei modische Nippes und Krimskrams, aber auch den traditionellen Korb mit Mandeln, Datteln, Nüssen und Rosinen. Diese Früchte werden *zyra*, „Souvenirs des gottesfürchtigen Besuchs" genannt, aber auch *baraka* oder *baruk*, denn die Moslems glauben, dass sie ihnen und der Familie im kommenden Jahr Glück und Segen bringen werden. Am *mulud* des Propheten steht die kabylische Mutter noch vor Sonnenaufgang auf. Mit einer Öllampe ausgerüstet begibt sie sich in den Stall.

Dort begrüßt sie jedes einzelne Tier und beleuchtet anschließend die Krüge mit Öl, Butter und Wasser. Dann geht sie zur Wiege ihres zuletzt geborenen Kindes. Sie alle sind Symbol und Teil des Wohlstands und Glücks der Familie, und so beginnt sie folgende kleine Weise zu singen:

Seid zufrieden! Seid zufrieden! Seid zufrieden!
Heute ist der Prophet geboren,
die Engel im Himmel freuen sich,
und ich habe Teil an ihrer gemeinsamen Freude.

Auch der Geburtstag eines lokalen Heiligen bietet in Kabylien Anlass zur Freude und zum Feiern. An einem solchen Tag flanieren die Frauen oft stundenlang durch die Straßen des Dorfes und gönnen sich ausnahmsweise mal ein Stück süßes Gebäck. Mit Feigen und verschiedenen Kuchen in ihren Gewändern oder auf dem Kopf machen sie sich auf den Weg zur Grabstätte des gefeierten Heiligen und überlassen ihm ihre Gaben als Opfer. Zurück im Dorf, gibt es einen großen Festschmaus, der aus viel Fleisch, gebackenen Krapfen und Blätterteigkuchen besteht und eine willkommene Abwechslung zum täglichen Couscous aus Kleie oder Gerste ist.

So ist es, das Leben – oder war es zumindest, als Bräuche und Tradition noch fest verwurzelt waren – in Kabylien, in der Wüste Tunesiens, in den verschlungenen Gassen Kairos, im Hochland des Irak und in all den Winkeln und Regionen der weiten arabischen Welt, wo ein wenig Naschwerk so manchen Tag versüßt, so manches Leid lindert und so manches Fest krönt.

Seite 104/105: Rekonstruktion des »Café des Nattes« im Hotel Résidence in Tunis, Tunesien

Seite 106: „Kurabiye", türkisches Gebäck, das zum Tee gereicht wird

DIE ABENTEUER DES NASR EDDIN

Eines Abends kommt Nasr Eddin nach Sivri-Hissar. Überall in der Stadt herrscht festliche Stimmung. Kein Winkel der Straße, in dem die Leute nicht bei Tische sitzen und schlemmen. Nasr Eddin kommt an einer Gruppe von Männern vorbei, die damit beschäftigt sind, einen köstlich duftenden Hammel am Spieß zu drehen.

„Oh Mohammedaner", spricht er sie an, „Ich sehe, Allah meint es gut mit euch. Er überhäuft euch mit all seinem Reichtum."

„Du irrst, Fremder. Die gesamte Gegend wird von einer fürchterlichen Dürre heimgesucht, aber heute ist der Tag des Bairam (türkisch: „Fest des Fastenbrechens"), und den wollen wir würdig feiern."

„Was seid ihr doch für Narren", entgegnet Nasr Eddin. „Warum feiert ihr nicht jeden Tag? Dann bräuchtet ihr nie wieder Hunger zu leiden!"

Nasr Eddin hatte einen Streit mit seiner Frau. Er war so wütend und beschimpfte sie so sehr, dass sie Hilfe suchend zum Nachbarn lief. Dort fand nun gerade eine Hochzeitsfeier statt. Der Gastgeber beruhigte und tröstete sie sogleich und lud sie ein zu bleiben.

Nach einiger Zeit kam auch Nasr Eddin, der seine Frau suchte, zu diesem Nachbarn. Er wurde vom Gastgeber ebenso freundlich aufgenommen. So vergaß er bald seinen Ärger und gesellte sich zu den Gästen. Als ihm plötzlich bewusst wurde, dass er ja neben seiner Frau saß und sie beide von den köstlichen Speisen aßen, rief er aus: „Frau, ist das nicht wunderbar! Wir sollten uns öfter streiten!"

CAFÉ DES MIROIRS

Das »Café des Miroirs« (.Spiegelcafé')
befand sich an der Kreuzung zweier
Gassen. Es beherrschte den größten Teil
einer ausgefahrenen Straße, die für
schwere Fahrzeuge verboten war und
wohin sich lediglich Hausierer und Klein-
händler mit ihren Karren vorwagten.
Riesige Tücher aus Zeltleinwand über-
spannten seine labyrinthische Terrasse
und überdachten sie wie einen Markt.
Wohin man schaute, hingen Spiegel in
vergoldeten, mit Schnitzereien verzierten Rahmen; selbst am umliegenden Ge-
mäuer. Das »Café des Miroirs« war
bekannt für seinen grünen Tee und sein
erlesenes Publikum, das aus Fuhrmän-
nern, Intellektuellen und nach Lokal-
kolorit dürstenden Touristen bestand.
Zu jenem Zeitpunkt aber war es wenig
belebt. Sich zwischen den Tischen hin-
durchwindend, schritt Gohar über die
Terrasse auf der Suche nach einer
Bekanntschaft. Hier und da saßen Leute
mit gewichtiger Miene und rauchten
schweigend und fast regungslos ihre
Wasserpfeife. Andere spielten Trick-
track (trictrac, frz. Brettspiel) und tran-
ken ein Glas Tee. Vereinzelte frühe
Vertreter von der Zunft der Kippen-
sammler nahmen friedlich und unbe-
kümmert ihre Arbeit auf. Sie brauchten
keine Konkurrenz zu fürchten.

Auszug aus »Mendiants et orgueilleux«
(deutscher Titel: „Gohar, der Bettler") von
Albert Cossery

Rezepte

Knaffa

B'stila mit Orangenblütencreme

FÜR DIE MANDELMASSE
250 g Mandeln, blanchiert und abgezogen • ½ l Erdnussöl (zum Ausbacken)
100 g Zucker • 1 EL gemahlener Zimt

FÜR DIE CREME
70 g Reismehl • 1,5 l Milch • 100 g Zucker • 100 ml Orangenblütenwasser
50 g Butter

20 Phylloteig-Blätter (siehe Glossar)

Zunächst die Mandelmasse zubereiten. Dazu die Mandeln zusammen mit ¼ l Öl in einen flachen Topf geben. Auf mittlerer Stufe langsam erhitzen. Dabei immer wieder mit einem Holzlöffel umrühren. Sobald die Mandeln goldbraun zu werden beginnen, von der Kochstelle nehmen. Die Mandeln auf Küchenkrepp abtropfen und auskühlen lassen. ★ Inzwischen die Creme zubereiten. Das Reismehl mit 4 Esslöffeln Milch verrühren. Die restliche Milch, den Zucker und das Orangenblütenwasser in einem großen Topf zum Kochen bringen. Von der Kochstelle nehmen und das Reismehl einrühren. Kräftig rühren, damit sich keine Klümpchen bilden. ★ Zurück auf den Herd stellen und die Butter in kleinen Stücken unter die Masse rühren, bis die Milch eindickt. Die fertige Creme von der Kochstelle nehmen und auskühlen lassen. ★ Die Mandeln in der Küchenmaschine oder mit einem großen Küchenmesser grob zerkleinern und mit dem Zucker und Zimt vermengen. ★ In einer großen Pfanne das restliche Öl erhitzen. Darin die Phylloteigen-Blätter – immer zwei auf einmal – frittieren. Auf Küchenkrepp abtropfen lassen. ★ Auf einer Kuchenplatte oder einem großen, flachen Teller zwei Teigblätter ausbreiten und aufeinander legen. Mit einem Teil der Mandelmischung bestreuen. Einen Teil der Creme gleichmäßig darüber verteilen und mit zwei weiteren Teigblättern bedecken. Schicht für Schicht nach dem gleichen Verfahren vorgehen, bis sämtliche Phylloteig-Blätter verarbeitet sind. Die oberste Schicht schließt mit Orangenblütencreme ab. ★ Noch warm oder lauwarm serviert, schmeckt die *knaffa* am besten.
Für 8 Personen

Datteln

Farka

Dattelkuchen

500 g Hartweizengrieß (mittlere Korngröße) oder Couscous • 100 ml Erdnussöl
500 g Datteln, entkernt • Saft und Schale einer unbehandelten Orange
150 g flüssiger Honig • 1 TL gemahlener Zimt • 100 g ungeschälte Mandeln, grob gehackt
100 g Pinienkerne • 100 g Walnüsse, grob gehackt

ZUR DEKORATION
1 TL gemahlener Zimt • 15 g Hagelzucker • Einige Walnusskerne

Da fertiger Couscous in türkischen Läden sowie in den Lebensmittelabteilungen größerer Kaufhäuser erhältlich ist, kann man sich die folgende Prozedur auch sparen. ★ Zur Herstellung von Couscous den Hartweizengrieß in einer Schüssel mit dem Erdnussöl vermischen. Wasser in den unteren Teil eines Couscoussier oder eines Dämpftopfes füllen und zum Kochen bringen. Die Grieß-Öl-Mischung in den Einsatz füllen und dämpfen. Alle 5 Minuten mit etwas Wasser (ca. 2 EL) benetzen. Nach 45 Minuten den Dämpfeinsatz herausnehmen und den Grieß in eine Schüssel stürzen. Etwas auskühlen lassen. Dann mit den Händen kräftig durchkneten, um sämtliche Klümpchen zu beseitigen. Wieder in den Dämpfeinsatz füllen und weitere 45 Minuten dämpfen. Dabei immer wieder ein wenig Wasser nachgießen. ★ Wenn fertiger Couscous verwendet wird, diesen nach Gebrauchsanleitung zubereiten und mit dem Öl vermischen. ★ Inzwischen in einer großen Schüssel die entkernten Datteln mit der abgeriebenen Orangenschale vermengen und in einem Topf den Orangensaft mit dem Honig erwärmen. ★ Den fertigen Grieß oder Couscous zu den Datteln geben. Den Honig hinzufügen und alles gut vermischen. Zimt, Mandeln, Pinienkerne und gehackte Walnüsse sorgfältig untermengen. ★ Auf eine Servierplatte stürzen und in eine geometrische Form bringen (beispielsweise eine Pyramide oder eine Halbkugel). Die Oberfläche des Kuchens glatt streichen und mit Zimt und Hagelzucker bestreuen. Mit den Walnusskernen dekorieren.
Für 12 Personen

Trids

Durchsichtige Teigblätter

500 g Mehl • 1 TL Salz • Etwa ³/₈ l lauwarmes Wasser
¹/₄ l Erdnussöl

Mehl und Salz in eine Schüssel geben; zunächst ¹/₄ l Wasser und einen Schuss Öl hinzufügen. Die Zutaten mit den Händen oder mit den Knethaken der Küchenmaschine vermengen, dabei nach Bedarf noch Wasser und Öl hinzufügen und etwa 15 Minuten gut durcharbeiten, bis ein homogener und sehr elastischer Teig entstanden ist. Den Teig eine halbe Stunde ruhen lassen. ★ Die Hände mit etwas Öl einreiben und den Teig zu Kugeln von der Größe eines Eies formen. Mit Öl bestreichen und auf eine ebenfalls leicht mit Öl bestrichene Platte legen. ★ Ein Backblech oder eine sehr große Pfanne auf dem Herd bei hoher Temperatur erhitzen. Dann die Hitze reduzieren. ★ Eine Teigkugel nehmen und auf der zuvor mit Öl bestrichenen Arbeitsfläche gleichmä-ßig ausrollen. Dann wie bei einem Strudel den Teig mit den Händen auseinander ziehen, um ein möglichst hauchdünnes, fast durchsichtiges Teigblatt zu erhalten. Dabei immer wieder die Hände mit Öl einreiben, damit der Teig nicht an den Fingern kleben bleibt. ★ Nun das Blatt am Rand greifen und vorsichtig auf das heiße Blech legen. Mit Öl bestreichen und etwa 40 Sekunden auf dem Herd backen, bis das Teigblatt weich und weiß ist. Auf ein Viertel der Größe zusammenfalten und warm stellen. ★ Mit den übrigen Teigkugeln auf die gleiche Weise verfahren, bis sämtlicher Teig verarbeitet ist. ★ Noch warm oder lauwarm serviert, schmecken die *trids* am besten. Dazu passt Minztee (Rezept Seite 146).
Für 10 Personen

Kaak

Brautringe

1 kg Mehl • 1 Päckchen Backpulver • 250g Zucker
2 Päckchen Vanillezucker • ¼ l Erdnussöl • 100 ml Orangenblütenwasser
50 g Sesamsamen, geröstet • 25 g Fenchelsamen, gemahlen
25 g Anissamen, gemahlen • ¼ l lauwarmes Wasser

Mehl, Backpulver, Zucker und Vanillezucker in einer Schüssel vermischen. Erdnussöl und Orangenblütenwasser sowie Sesam-, Fenchel- und Anissamen hinzufügen und alles mit den Händen sorgfältig verkneten. Das lauwarme Wasser hinzugießen und weitere 15 Minuten kräftig durcharbeiten. Der Teig muss fest, aber geschmeidig sein. ★ Ein Stück Teig von der Größe einer Walnuss nehmen und zunächst zu einer Kugel formen. Dann die Teigkugel zu einem dicken Strang ausrollen und daraus einen Ring formen. Mit den Fingern den Ring an den Enden zusammendrücken und versiegeln. Auf ein mit einem sauberen Geschirrtuch bedecktes Blech legen. ★ In der gleichen Weise weitere Teigkugeln zu Ringen formen und auf das Blech legen, bis der gesamte Teig aufgebraucht ist. Die Brautringe mit einem weiteren Tuch abdecken und 3 Stunden ruhen lassen. ★ Den Backofen auf 180 °C vorheizen. Die Brautringe auf ein leicht geöltes Blech umsetzen und etwa 20 Minuten backen, bis sie goldgelb sind. ★ Vor dem Servieren abkühlen lassen.
Ergibt etwas 50 Gebäckstücke

Harira del' luz

Mandelsuppe mit Frischkäse

FÜR DEN FRISCHKÄSE

1 l pasteurisierte Frischmilch (Fettgehalt nach Belieben) • ¹⁄₄ l Dickmilch oder
Sahne-Dickmilch • Saft von 1 großen, saftigen, frisch gepressten Zitrone

FÜR DIE SUPPE

500 g Mandeln, blanchiert und abgezogen • 1 l Wasser • 25 g Butter
1 Prise Salz • 100 g Zucker • ¹⁄₄ l Milch • 1 EL Orangenblütenwasser
¹⁄₂ TL frisch geriebene Muskatnuss

Für den Frischkäse 1 l Milch aufkochen, von der Kochstelle nehmen und Dickmilch und Zitronensaft unterrühren. Etwas abkühlen lassen, dann in ein feinmaschiges Sieb über einer Schüssel geben. Über Nacht im Kühlschrank gerinnen lassen, bis eine feste, kompakte Masse entstanden ist. Den Frischkäse in kleine Würfel schneiden und in eine Schüssel geben. ★ Für die Suppe die Mandeln mit ¹⁄₂ l Wasser im Mixer pürieren. Die Mischung durch ein feinmaschiges Sieb streichen und die aufgefangene Mandelmilch beiseite stellen. Nun das Mandelpüree mit dem restlichen Wasser ein zweites Mal im Mixer pürieren. Erneut durch ein Sieb abseihen und die Flüssigkeit in einem Topf mit schwerem Boden auffangen. Butter, Salz und Zucker hinzufügen und bei mäßiger Hitze unter ständigem Rühren mit einem Holzlöffel langsam zum Kochen bringen. ★ Dann die Mandelmilch des ersten Püriervorgangs sowie Milch, Orangenblütenwasser und Muskatnuss einrühren. Langsam und unter ständigem Rühren eindicken lassen. Sobald die Suppe die Rückseite des Holzlöffels überzieht, von der Kochstelle nehmen und auskühlen lassen. ★ Über die vorbereiteten Frischkäsewürfel geben und in der Schüssel oder in Portionsschälchen servieren. *Für 6 Personen*

Ein Yoyo

Yoyos
Gebackene Honigkringel

* * * * * *

350 g Mehl • 25 g Puderzucker
1 Prise Salz • 2 Päckchen Vanillezucker
2 Päckchen Backpulver • 3 Eier
50 ml Haselnussöl • 30 ml Orangenblütenwasser
(nach Belieben)
$^1/_2$ l Erdnussöl (zum Ausbacken)
250 g flüssiger Honig

In einer Schüssel Mehl, Puderzucker, Salz, Vanille-zucker und Backpulver vermischen. Eier, Hasel-nussöl und nach Belieben Orangenblütenwasser hinzugeben und alles zu einem geschmeidigen Teig verkneten. ★ Mindestens 30 Minuten ruhen las-sen. ★ Ein Stück Teig auf die Arbeitsfläche legen und mit den Innenflächen der Hände zu einer lan-gen „Zigarre" von 1 cm Dicke formen. Dann in 10 cm lange Stücke schneiden. Überschüssige Abschnitte in den Teig zurückgeben und von vorn begin-nen. ★ Jeder einzelnen Teigzigarre die Form eines Armreifs geben. Die Enden fest zusammendrü-cken. ★ Das Erdnussöl stark erhitzen. Dann auf mittlere Hitze zurückschalten. ★ Jeweils 4 Yoyos goldgelb backen. Darauf achten, dass sie nicht zusammenkleben. Mit einer Schaumkelle heraus-nehmen und abtropfen lassen. ★ Die Yoyos in den zuvor erwärmten Honig tauchen und zum Servie-ren auf einer Platte zu einer Pyramide aufschichten.
Ergibt etwa 30 Gebäckstücke

Boca di Dama
Frauenmund

* * * * * *

250 g ungeschälte Mandeln
10 Bittermandeln (ersatzweise $^1/_2$ TL Bittermandel-extrakt) • 8 Eier • 250 g Puderzucker • Schale einer unbehandelten Orange • 20 g Mehl • 1 Prise Salz
Butter für die Form

Die Mandeln und Bittermandeln (ersatzweise Bitter-mandelextrakt) in der Küchenmaschine zu einem feinen Pulver zermahlen. ★ Die Eier trennen. Ei-gelb und Puderzucker mit dem Schneebesen oder dem Elektrorührstab schaumig schlagen, bis die Masse weiß zu werden beginnt. Dann die geriebene Orangenschale hinzufügen und weiterschlagen. Zum Schluss das Mehl und Mandelpulver hinzu-geben und glatt rühren. ★ Den Ofen auf 210 °C vorheizen. ★ Das Eiweiß mit der Prise Salz steif schlagen und mit dem Schneebesen vorsichtig unter die Teigmasse heben. ★ In eine gebutterte Springform (25 cm Ø) füllen und im Backofen etwa 50 Minuten backen.
Für 10 Personen

Griouches

Frittiertes Sesamgebäck mit Honig

1 kg Mehl • 1 Päckchen Backpulver • 2 EL Zucker • $\frac{1}{2}$–1 TL Salz • 1 TL gemahlener Anis
150 g Sesamsamen, geröstet und gemahlen • 150 ml Erdnussöl • 150 g zerlassene Butter • 2 EL Essig
100 ml lauwarmes Wasser • 100 ml Orangenblütenwasser • 1 Eigelb • 2 l Erdnussöl (zum Ausbacken)
1 kg Honig • 200 g geröstete Sesamsamen (zum Bestreuen)

In einer großen Schüssel das Mehl mit dem Backpulver, Zucker, Salz, Anis und dem gemahlenen Sesam vermischen. In die Mitte eine Mulde drücken und das Erdnussöl, die zerlassene Butter, Essig, Wasser, Orangenblütenwasser und das Eigelb hineingeben. ★ Von innen nach außen alle Zutaten miteinander verkneten und dabei nach und nach das Mehl einarbeiten. Den Teig zu einer Kugel formen und mit einem sauberen Tuch bedeckt etwa 10 Minuten ruhen lassen. ★ Den Teig in 6 gleich große Portionen teilen. Ein Teigstück auf die bemehlte Arbeitsfläche legen und mit dem Nudelholz zu einem etwa 20×30 cm großen Rechteck ausrollen. ★ Dann mit einem Teigrädchen in 4 Rechtecke von etwa 10×15 cm Kantenlänge schneiden. Jedes Rechteck in Längsrichtung mit 4–5 parallelen Einschnitten versehen. Am oberen und unteren Ende einen Rand von 1–2 cm lassen, damit das Rechteck nicht auseinander fällt (siehe Foto). ★ Nun von oben her die Finger der rechten Hand – abwechselnd einen Streifen oben, einen Streifen unten – durch das Rechteck führen. Das Rechteck an einer unteren Ecke greifen und diese vorsichtig nach oben durch die Teigbänder ziehen, so dass eine Art lockeres Teiggeflecht entsteht. ★ Auf eine bemehlte Platte legen. In gleicher Weise den restlichen Teig verarbeiten. ★ In einem großen Topf das Öl erhitzen. Jeweils 2–3 Teiggebilde goldgelb backen. ★ Mit einer Schaumkelle herausnehmen und auf einem Kuchengitter abtropfen lassen. ★ Den Honig erhitzen und die Gebäckstücke darin eintauchen. Nochmals abtropfen lassen und von beiden Seiten mit gerösteten Sesamsamen bestreuen.
Ergibt 24 Stück

Razzat el kadi

Der Turban des Richters

⋆ ⋆ ⋆ ⋆ ⋆ ⋆

500 g Mehl • ¼ TL Salz
½ l Wasser • 2 l Erdnussöl
(zum Ausbacken) • 500 g Honig
200 g zerlassene Butter

Mehl und Salz in eine Schüssel geben. Nach und nach das Wasser hinzufügen und alles kräftig durcharbeiten. Der Teig muss weich und elastisch sein. Inzwischen in einem Topf das Erdnussöl erhitzen. ⋆ Den Teig zu 15–20 kleinen Bällchen formen. Ein Teigbällchen auf die Arbeitsfläche legen und mit den Innenflächen der Hände zu einem dicken Faden ausrollen. Dann den Teigfaden mit dem Nudelholz zu einem 2–3 cm breiten Band rollen. Dieses kreisförmig um die Finger einer Hand zu einem turbanähnlichen Knäuel aufwickeln. ⋆ In das heiße Öl geben und von beiden Seiten goldbraun backen. Auf einem Kuchengitter abtropfen lassen. ⋆ Mit dem restlichen Teig in gleicher Weise verfahren. ⋆ Inzwischen den Honig in einem Topf langsam erwärmen. Die Gebäckstücke auf einer Platte anrichten und großzügig mit Honig und zerlassener Butter überziehen.
Ergibt 15–20 Stück

Honig-Harissa

Knuspergebäck mit Mandeln

Diese süße Harissa hat mit der scharfen nordafrikanischen Gewürzpaste oder -sauce nur den Namen gemeinsam.

⋆ ⋆ ⋆ ⋆ ⋆ ⋆

500 g Mandeln, blanchiert und abgezogen
250 g Zucker • 100 ml Orangenblütenwasser
125 g flüssiger Honig
150 g zerlassene Butter
30 geröstete Mandeln (zur Dekoration)

Die abgezogenen Mandeln trocknen lassen, dann fein hacken. ⋆ Den Zucker und das Orangenblütenwasser in einen Topf geben und bei geringer Hitze 3 Minuten köcheln lassen. Vom Herd nehmen und den Honig, die zerlassenen Butter und die fein gehackten Mandeln einrühren. Alles sorgfältig vermengen. ⋆ Die Mischung auf eine feuerfeste Platte geben und glatt streichen. In dem auf 200 °C vorgeheizten Ofen etwa 20 Minuten goldbraun backen. Aus dem Ofen nehmen und auskühlen lassen. ⋆ In kleine Rauten schneiden und mit je einer gerösteten Mandel dekorieren. ⋆ Kalt servieren.
Ergibt etwa 30 Stück

Der Turban des Richters

Msemen

Mandel-Honig-Kuchen

750 g Mehl • 1 TL Backpulver • 1 TL Salz • 1 Eigelb • 2 EL Erdnussöl
1 TL Anissamen • 1 TL gemahlener Zimt • 1 EL Essig • ½ l Wasser
300 g Mandeln, in Öl geröstet und fein gemahlen (ersatzweise 200 g Sesamsamen,
trocken geröstet) • 200 g flüssiger Honig

ZUM FERTIGSTELLEN
1 Eigelb (zum Bestreichen) • ½ l Erdnussöl (zum Ausbacken)
50 g flüssiger Honig (zum Beträufeln)

Mehl in eine große Schüssel geben, das Backpulver untermischen und in der Mitte eine Mulde formen. Dort hinein Salz, Eigelb, 2 Esslöffel Erdnussöl, Anissamen, Zimt, Essig und Wasser geben. Von außen nach innen gleichmäßig zu einem Teig verarbeiten. ★ Von den gerösteten, gemahlenen Mandeln 50 g für Dekorationzwecke beiseite stellen. Den Rest unter den Teig kneten. ★ Zum Schluss den Honig einarbeiten und alles weitere 15 Minuten gut durchkneten. Den fertigen Teig 5 Minuten ruhen lassen. ★ Dann den Teig in etwa 20 gleich große Stücke zerteilen und zu walnussgroßen Kugeln formen.

★ Die Arbeitsfläche mit etwas Öl bestreichen und die Hälfte der Kugeln zu dünnen Teigkreisen ausrollen. In die Mitte jedes Kreises eine weitere Teigkugel setzen und zu einem kleineren Kreis oder Quadrat flach drücken. ★ Mit einem Pinsel die Kreisränder mit Eigelb bestreichen und umschlagen, so dass Vierecke entstehen. In dem heißen Öl von beiden Seiten ungefähr 4–5 Minuten goldgelb backen. Aus dem Öl nehmen und abtropfen lassen. ★ Mit Honig beträufeln und mit den restlichen Mandeln bestreuen.
Ergibt 20 Stück

Mandelbriuats

Gefüllte Teigtaschen mit Mandeln

FÜR DIE MANDELFÜLLUNG

500 g geschälte Mandeln • 150 g Puderzucker • 1 EL gemahlener Zimt
100 ml Wasser • 2 EL Orangenblütenwasser

ZUM FERTIGSTELLEN

10 Blätter Phylloteig (siehe Glossar) • 1 l Erdnussöl (zum Ausbacken) • 250 g flüssiger Honig

ZUM GARNIEREN

Gehackte Pistazien oder geröstete Sesamsamen

Zubereitung der Mandelfüllung: Die geschälten Mandeln in der Gewürzmühle oder in der Küchenmaschine sehr fein mahlen. Dann mit Zucker und Zimt mischen und mit Wasser und Orangenblütenwasser zu einer pastenartigen Masse verrühren. ★ Auf der Arbeitsfläche die Phylloteig-Blätter übereinander legen und mit einem scharfen Messer in vier gleich große Streifen von etwa 10–12 cm Breite schneiden. ★ Immer nur einen Teigstreifen verarbeiten. Eine walnussgroße Portion Füllung etwa 3 cm vom unteren Rand entfernt auf den Teig setzen. Eine Ecke des Teigstreifens über die Füllung schlagen, so dass ein Dreieck entsteht und der untere Rand mit dem Seitenrand bündig abschließt. Das Dreieck den ganzen Streifen entlang weiterfalten. Zum Verschließen des Teigpakets den oberen Rand in die darunter liegende Lage einschlagen. ★ Diesen Vorgang wiederholen, bis sämtliche Teigstreifen zu gefüllten Paketchen verarbeitet sind. ★ In einem Topf das Öl erhitzen und die Briuats nach und nach von beiden Seiten etwa 6 Minuten goldgelb backen. Mit einer Schaumkelle aus dem Öl nehmen und auf einem Kuchengitter oder Pergamentpapier abtropfen lassen. ★ Jedes Teigtäschchen in den leicht erwärmten Honig tauchen und nochmals abtropfen lassen. Je nach Geschmack mit gehackten Pistazien oder gerösteten Sesamsamen bestreuen und servieren. ★ Die Briuats halten sich einige Tage.
Ergibt etwa 40 Stück

Mandelkrokant

2 Eier • 150 g Puderzucker • Mark einer Vanilleschote
Schale einer unbehandelten Orange • 100 ml Erdnussöl • 300 g Mehl
1 Päckchen Backpulver • 100 g ungeschälte Mandeln, grob gehackt

In einer Schüssel Eier, Puderzucker und Vanillemark verrühren. Die Orangenschale in die Mischung reiben und das Öl hinzufügen. Nach und nach das mit Backpulver vermischte Mehl unterrühren und zuletzt die Mandeln hinzugeben. Der Teig muss elastisch sein. Ist er zu dünn, noch etwas Mehl hinzufügen. ★ Den Ofen auf 210 °C vorheizen. ★ Den Teig in vier Teile teilen. Zu „Zigarren" von 4 cm Durchmesser rollen und mit ausreichend Abstand auf ein leicht geöltes Backblech legen, da sie ihr Volumen während des Backens verdoppeln. ★ Die „Zigarren" im Ofen backen, bis sie goldgelb zu werden beginnen (etwa 10 Minuten). Dann aus dem Ofen nehmen und zur weiteren Verarbeitung kurz abkühlen lassen. ★ Auf einem Brett die „Zigarren", die jetzt die Form kleiner Brotlaibe haben, schräg in Scheiben (je 2 cm dick) schneiden und flach zurück auf das Blech legen. Weitere 10 Minuten backen. ★ Den Vorgang wiederholen, falls nicht alle Krokantscheibchen auf dem Blech Platz haben. ★ Nach dem Backen auskühlen lassen. ★ Dazu passt eine Limonade aus frisch gepresstem Zitronensaft mit frischer Minze.
Ergibt etwa 40 Stück

Garn Ghozal

Gazellenhörnchen

FÜR DIE FÜLLUNG

1 kg Mandeln, blanchiert und abgezogen • 500 g Puderzucker
100 ml Orangenblütenwasser • 1 EL zerlassene Butter

FÜR DEN TEIG

500 g Mehl • 110 g zerlassene Butter • 100 ml Orangenblütenwasser
1 Eiweiß zum Bestreichen

ZUBEREITUNG DER FÜLLUNG

Die Mandeln in der Küchenmaschine fein mahlen und anschließend mit dem Puderzucker vermengen. ★ Erneut in die Küchenmaschine geben, bis eine kompakte, ölige Paste entstanden ist. Dann sorgfältig das Orangenblütenwasser und 1 Esslöffel zerlassene Butter in die Masse einarbeiten. ★ In walnussgroße Portionen teilen und diese zu kleinen „Zigarren" formen. Beiseite stellen.

ZUBEREITUNG DES TEIGES

Mehl, zerlassene Butter und Orangenblütenwasser vermengen und zu einem festen Teig verkneten. ★ Auf einer bemehlten Arbeitsfläche einen Teil des Teiges möglichst dünn ausrollen. Mit einem Teig-ausstecher oder einer Tasse Kreise von etwa 10 cm Durchmesser ausstechen. ★ Auf jeden Kreis eine „Mandelzigarre" legen und den Teig bündig überschlagen. Mit den Daumen eine Seite in der Mitte leicht eindrücken, so dass ein Halbmond entsteht. Zum Versiegeln mit den Zinken einer Gabel den Rand vorsichtig festdrücken. Das Gazellenhörnchen mehrmals mit einer Nadel einstechen. Mit Eiweiß bestreichen und auf ein leicht gefettetes Backblech setzen. ★ Diesen Vorgang wiederholen, bis sämtliche „Mandelzigarren" verarbeitet sind. ★ Im vorgeheizten Backofen bei 180 °C etwa 10 Minuten goldgelb backen. Auskühlen lassen und servieren. ★ Bei einer anderen Version dieses Rezeptes werden die mit Eiweiß bestrichenen Gazellenhörnchen vor dem Backen zusätzlich in Sesamsamen gewendet. *Ergibt etwa 50 Stück*

Amlu

Mandelkonfitüre

mit Honig

＊ ＊ ＊ ＊ ＊ ＊

250 g Mandeln, blanchiert und abgezogen
250 g Honig • ¼ l Öl von Früchten
des Arganbaums (ersatzweise Haselnuss- oder Walnussöl)

Die Mandeln in einer Pfanne goldbraun werden lassen. Anschließend in der Getreide- oder Gewürzmühle ganz fein mahlen. Mandelpulver und Honig in einer Schüssel kräftig verrühren. Nach und nach das Öl einarbeiten, bis die Masse eine glatte und cremige Konsistenz hat. In Einmachgläser abfüllen und sorgfältig verschließen. ★ Gegessen wird die Mandelkonfitüre zu Krapfen oder wie herkömmliche Marmelade als Brotaufstrich.
Ergibt etwa 3 Gläser à 250 g

Feigen-
konfitüre

＊ ＊ ＊ ＊ ＊ ＊

1 kg feste, nicht zu reife Feigen
750 g Zucker • Saft einer großen,
frisch gepressten Zitrone
1 Vanilleschote, der Länge nach aufgeschnitten
250 ml Wasser

Feigen sorgfältig waschen und trockentupfen. Stiele entfernen und jede Feige mit einem spitzen Messer mit vier kleinen Einschnitten versehen. ★ In einem großen Topf Wasser, Zucker, Zitronensaft und Vanilleschote bei mäßiger Hitze langsam zum Kochen bringen. Von Zeit zu Zeit umrühren, damit sich der Zucker gut auflöst. Dann die Feigen hinzufügen. Weiterhin vorsichtig umrühren und alles etwa 1 Stunde bei geringer Hitze köcheln lassen. Zwischendurch regelmäßig mit einer Kelle abschäumen. ★ Zum Schluss die Konfitüre noch einmal von etwaigem Schaum befreien. Die Feigenkonfitüre gleichmäßig auf drei saubere und trockene Einmachgläser verteilen. Gläser sorgfältig verschließen und abkühlen lassen.
Ergibt etwa 3 Gläser à 500 g

Feigenkonfitüre

Baklava

Walnussgebäck

500 g Walnüsse, grob gemahlen • ¹/₂ TL gemahlener Zimt
150 g Zucker • 300 g zerlassene Butter • 80 ml Rosenwasser
250 g Phylloteig-Blätter (siehe Glossar)
100 g geschälte Mandeln • 200 g flüssiger Honig

Für die Füllung die grob gemahlenen Walnüsse in eine Schüssel geben und mit dem Zimt, Zucker und einem Drittel der zerlassenen Butter gut verrühren. Ein Kuchenblech reichlich mit zerlassener Butter bepinseln. ★ Die Hälfte der Teigblätter übereinander darauf legen und ebenfalls großzügig mit Butter bestreichen. Dann die gesamte Walnussmasse auf die Teiglage geben und gleichmäßig verteilen. Etwaige überlappende Teigränder über die Masse umschlagen. ★ Die andere Hälfte der Teigblätter mit Butter bestreichen und – die gebutterte Seite nach unten – auf die Walnussmischung legen. Darauf achten, dass die gesamte Fläche bedeckt ist. Nochmals großzügig buttern. ★ Mit einem scharfen Messer die obere Teigschicht in Rauten oder Recht-

ecke von 5–6 cm Länge schneiden. (Der Teig lässt sich leichter schneiden, wenn Sie ihn zuvor für etwa 30 Minuten in den Kühlschrank stellen.) ★ Jede Raute bzw. jedes Rechteck mit einer ganzen Mandel dekorieren. Mit Alufolie abdecken und in dem auf 180 °C vorgeheizten Backofen etwa 15 Minuten backen, bis die Oberfläche goldbraun ist. ★ Währenddessen den Honig leicht erwärmen und die restliche Butter hinzufügen. Die Baklava aus dem Ofen nehmen und sofort mit der Honig-Butter-Mischung beträufeln. ★ Auskühlen lassen und zum Servieren in die vorgeschnittenen Stücke zerteilen. ★ In einem trockenen, verschließbaren Gefäß hält sich die Baklava etwa zwei Wochen. *Ergibt 40–50 Gebäckstücke*

B'stila
mit Mandeln und Sesam

500 g Sesamsamen • 1 kg geschälte Mandeln
500 g Puderzucker • 30 ml Orangenblütenwasser • 300 g zerlassene Butter
20 Phylloteig-Blätter (siehe Glossar) • ¹/₂ l Erdnussöl (zum Ausbacken)
250 g flüssiger Honig

Für die Füllung die Sesamsamen in einer Pfanne trocken rösten, etwas auskühlen lassen und grob mahlen. ★ Das Öl erhitzen und die Mandeln darin goldgelb rösten. Abtropfen lassen und grob hacken. In einer Schüssel geröstete Mandeln, Sesam, Puderzucker, Orangenblütenwasser und 2 Esslöffel zerlassene Butter vermischen. ★ Die Phylloteig-Blätter nacheinander großzügig mit Butter bestreichen und bis zur weiteren Verwendung auf ein Blech legen. ★ Eine große, runde oder ovale Kuchen- oder Auflaufform Blatt für Blatt wie eine Rosette mit gut der Hälfte des Phylloteiges auslegen. Dabei jeweils den Rand ein Stück überlappen lassen. ★ Die Mandel-Sesam-Mischung einfüllen und glatt streichen. Die überlappenden Teigränder um-

schlagen, um die B'stila zu verschließen. Anschließend die restlichen, mit Butter bestrichenen Teigblätter auflegen und am Rand der Form sorgfältig einschlagen, so dass die B'stila rundum verschlossen ist. ★ Mit der restlichen Butter bestreichen. ★ Bei 180 °C im vorgeheizten Ofen etwa 30 Minuten backen. Währenddessen den Honig erwärmen. ★ Die B'stila aus dem Ofen nehmen und mit dem Honig beträufeln. ★ Nach Belieben kann die B'stila auch mit Mandelblättchen, Puderzucker und Zimt verziert und auf Orangenblütencreme (Seite 108) angerichtet werden, wie das Foto links zeigt. ★ Am besten schmeckt die B'stila lauwarm, sie kann jedoch auch kalt serviert werden.
Für 8 Personen

Brautfinger

200 g geschälte Mandeln • 100 g Puderzucker
1 TL gemahlener Zimt • 100 ml Orangenblütenwasser
12 Blätter Phylloteig (siehe Glossar) • 1 Ei
$^1/_2$ l Erdnussöl (zum Ausbacken) • 250 g flüssiger Honig

Die Mandeln in der Küchenmaschine oder in der Gewürzmühle fein mahlen. Mit dem Zucker, Zimt und Orangenblütenwasser zu einer Paste verarbeiten. ★ In zwölf gleich große Portionen teilen und zu spindelartigen Stäbchen von etwa 10 cm Länge formen. ★ Die Teigblätter mit einem scharfen Messer in Rechtecke von etwa 12×16 cm Kantenlänge schneiden. Die Teigabschnitte werden nicht mehr gebraucht. ★ Die Teigblätter der Höhe nach auf die Arbeitsfläche legen. Ein Mandelstäbchen etwa 3 cm vom unteren (schmalen) Rand entfernt quer auf den Teig legen. Die beiden unteren Teigecken zur Mitte hin so über die Füllung schlagen, dass ein Dreieck entsteht. Die Spitze des Dreiecks nun ihrerseits über die Füllung schlagen. Nun noch die Ränder der Längsseiten einschlagen und alles zu einer „Zigarre" aufrollen. Den oberen Rand mit verquirltem Ei bepinseln und verschließen. ★ Den Vorgang wiederholen, bis sämtliche Mandelstäbchen und Teigblätter verarbeitet sind. ★ In einem Topf das Öl erhitzen und nacheinander die „Brautfinger" rundum etwa 6 Minuten goldbraun backen. Aus dem Öl nehmen und abtropfen lassen. ★ Den Honig in einem Topf leicht erwärmen. Die „Brautfinger" nacheinander darin eintauchen und erneut abtropfen lassen. ★ Am besten schmecken sie frisch, noch lauwarm serviert.
Ergibt 12 Stück

Frittiertes Orangengebäck

* * * * * *

1 unbehandelte Orange • 6 Eier
1 Prise Salz • 200 g Mehl
$^1/_2$ l Erdnussöl (zum Ausbacken)
250 g flüssiger Honig

Die Schale einer halben unbehandelten Orange reiben und zusammen mit den Eiern in eine Schüssel geben. ★ Die Orange auspressen und den Saft sowie das Salz hinzufügen und mit dem Schneebesen kräftig aufschlagen. Dann löffelweise das Mehl unterrühren. Darauf achten, dass sich keine Klümpchen bilden. Mit dem elektrischen Handrührgerät auf höchster Stufe schlagen, bis sich Bläschen bilden. ★ Inzwischen in einem Topf das Öl erhitzen. Nach und nach mit einem Löffel oder einer kleinen Schöpfkelle kleine Teigmengen in das heiße Öl gleiten lassen und von allen Seiten goldgelb backen. ★ Zwischendurch den übrigen Teig immer wieder mit dem Schneebesen schlagen. ★ Die fertig gebackenen Teigstücke mit einer Schaumkelle aus dem Öl nehmen und auf einem Kuchengitter abtropfen lassen. ★ Den Honig erwärmen, das Orangengebäck hineintauchen, abtropfen und vor dem Servieren abkühlen lassen.

Ergibt 20 Stück

Zalabiya
Gebackene Heferosetten

* * * * * *

500 g Mehl • 1 Prise Salz
$^3/_4$ l Wasser • 10 g Hefe
1 l Erdnussöl (zum Ausbacken)
500 g flüssiger Honig

In einer großen Schüssel Mehl und Salz vermischen. Die Hefe in 100 ml lauwarmem Wasser auflösen und vorsichtig unterrühren. Das restliche Wasser hinzufügen und alles zu einem glatten, zähflüssigen Teig verarbeiten. Durch ein Sieb streichen, um eventuelle Klümpchen zu entfernen. Den Teig etwa 15–20 Minuten gehen lassen. ★ In einem Topf das Öl erhitzen. Den Teig nochmals kurz durchrühren und einen Teil davon in einen Trichter oder einen Spritzbeutel mit kleiner Tülle füllen. Mit kreisender Handbewegung einen Teigfaden in das siedende Fett laufen lassen, so dass eine Rosette entsteht. ★ Von beiden Seiten etwa 2–3 Minuten goldgelb backen und anschließend auf Pergamentpapier oder einem Kuchengitter abtropfen lassen. ★ Zu guter Letzt mit erwärmtem, flüssigem Honig überziehen. ★ Nach dem gleichen Verfahren den gesamten Teig verarbeiten. Dabei sind der Phantasie bei der Formgebung keine Grenzen gesetzt.

Ergibt 15–20 Rosetten

Zalabiya

Kadayif

Konofa-Gebäck mit Mandeln

Wer Zeit und Mühe scheut, den Teig selbst herzustellen, erhält ihn fertig in türkischen
Lebensmittelgeschäften. Er heißt *konafa*, sieht aus wie sehr dünne Fadennudeln
und wird zumeist in 500-g-Päckchen verkauft.

FÜR DEN TEIG

500 g Mehl • 1 Prise Salz • 1/2 l Wasser • Öl (zum Bestreichen)
250 g zerlassene Butter

FÜR DIE MANDELFÜLLUNG

200 g gemahlene Mandeln • 250 g Zucker • 1 EL gemahlener Zimt
125 ml frisch gepresster Orangensaft

FÜR DEN SIRUP

750 g Zucker • 1/2 l Wasser • 1 EL frisch gepresster Zitronensaft
1 Streifen Orangenschale (nach Belieben)

Mehl, Wasser und Salz zu einem glatten Crêpes-Teig verrühren. ★ In einem Topf mit großem Durchmesser Wasser zum Kochen bringen. ★ Ein Kuchenblech mit Öl bestreichen, auf den Topf setzen und heiß werden lassen. ★ Ein Spitzsieb oder einen Trichter mit mehreren, sehr feinen Löchern über das heiße Blech halten und eine Kelle voll Teig hineingeben. Mit dem Sieb sofort kreisende Bewegungen vollführen, so dass die herauslaufenden Fäden eine Spirale beschreiben. Sobald die Fäden gestockt sind, an die weniger heiße Seite des Blechs schieben und die nächste Partie herstellen. Auf diese Weise den gesamten Teig zu dünnen Teigfäden verarbeiten. ★ Für die Mandelfüllung in einer Schüssel Mandeln, Zucker, Zimt und Orangensaft gründlich verrühren. ★ Für den Sirup Zucker, Wasser, Zitronensaft und Orangenschale in einem Topf bei mittlerer Hitze aufkochen und rühren, bis sich der Zucker aufgelöst hat. Bei geringer Hitze den Sirup etwa 10 Minuten eindicken lassen. ★ Den Backofen auf 180 °C vorheizen. Eine Backform (23×30× 7,5 cm) mit zerlassener Butter ausstreichen. ★ Die Hälfte der Teigfäden in einer Schüssel mit der Hälfte der zerlassenen Butter übergießen und durchheben. Dann in die Backform geben und mit der Mandelmasse gleichmäßig bedecken. Die restlichen Teigfäden in zerlassener Butter wenden und auf der Füllung verteilen. ★ Im Ofen 45–60 Minuten backen, bis die Oberfläche goldbraun ist. ★ Aus dem Ofen nehmen und sofort mit dem Sirup überziehen. Vor dem Servieren abkühlen lassen.
Ergibt 30–40 Stück

Kichk
al-Fuquara
Mandel-Reis-Creme

400 g geschälte Mandeln • 1/4 l Wasser • 100 g Reismehl
1 EL Maisstärke • 2 EL Rosenwasser • 2 EL Orangenblütenwasser • 2 l Milch • 250 g Zucker
150 g gehackte Pistazien (zum Dekorieren)

Die geschälten Mandeln mit der Hälfte des Wassers (125 ml) im Küchenmixer pürieren und durch ein feinmaschiges Sieb streichen. Die Mandelmilch in einem Topf auffangen. Das Mandelpüree mit dem restlichen Wasser ein zweites Mal in den Mixer geben und nochmals pürieren. Erneut abseihen. Die Mandelmasse gut ausdrücken, damit sämtliche Milch austritt. Das Mandelpüree wird nicht weiterverwendet. ★ Dann das Reismehl in der aufgefangenen Mandelmilch auflösen. Maisstärke sowie Rosen- und Orangenblütenwasser hinzufügen. ★

In einem anderen Topf langsam die Milch erhitzen und unter ständigem Rühren die Mischung hinzugießen. ★ Zum Kochen bringen und nach und nach den Zucker unterrühren. Etwa 15 Minuten bei mittlerer Hitze und unter ständigem Rühren köcheln lassen. Die Creme ist fertig, sobald sie am Löffel kleben bleibt. ★ Von der Kochstelle nehmen und auskühlen lassen. ★ In Dessertschalen füllen, mit den gehackten Pistazien bestreuen und kalt servieren.
Für 8 Personen

Halawat al-Fusduq

Halva aus Pistazien

• • • • • •

40 g Butter • 200 g Zucker
Saft einer halben Zitrone
¹/₄ l Wasser
500 g geschälte Pistazien

Nach Möglichkeit eine flache, quadratische Form mit 20 cm Kantenlänge verwenden (Sie können aber auch jede andere Form von etwa der gleichen Größe nehmen). Die Form gut mit Butter ausstreichen. ★ In einem Topf den Zucker, Zitronensaft und das Wasser bei mäßiger Hitze und unter ständigem Rühren zum Kochen bringen. Sobald der Zuckersirup braun zu werden beginnt, den Topf vom Herd nehmen. Dann die Pistazien untermengen. ★ Die Mischung auf die vorbereitete Form geben und gleichmäßig verteilen. Über Nacht auskühlen lassen. ★ Zum Servieren die Halva in kleine Quadrate (je 4×4 cm) schneiden.
Ergibt 25 Stück

Jullab

Aromatisierter Traubensaft

• • • • • •

500 g Traubengelee (in türkischen Lebensmittelläden erhältlich) • 2 l Wasser
100 g Korinthen • Weihrauchkörner für ein kleines Rauchfass (in Devotionalienhandlungen erhältlich)
100 g Pinienkerne, in kaltem Wasser eingeweicht

Das Traubengelee nach und nach in dem Wasser auflösen. Die Korinthen im Mixer pürieren. Beides beiseite stellen. ★ Ein Weihrauchfass mit Weihrauch füllen und diesen anzünden. In einen großen, verschließbaren Topf stellen und sofort den Deckel aufsetzen. Etwa 10 Minuten fest verschlossen halten. Dann den Deckel abnehmen und rasch das Weihrauchfass herausnehmen. ★ Unverzüglich das aufgelöste Traubengelee und die pürierten Korinthen in den Topf geben. Den Topf sofort wieder verschließen. Nach einigen Minuten hat der Topfinhalt das Aroma des Weihrauchs angenommen. ★ Anschließend den aromatisierten Traubensaft sorgfältig mit dem Korinthenpüree verrühren und in Flaschen füllen. ★ Zum Servieren einige zerstoßene Eiswürfel in Gläser füllen, ein paar Pinienkerne dazugeben und den Jullab darüber gießen.
Für 12–15 Personen

Brache
bel aachel

Arme Ritter

. . . . . .

1 altbackenes Weißbrot (ca. 500 g)
¹/₄ l Milch • 4 Eier
¹/₄ l Erdnussöl (zum Ausbacken)
250 g flüssiger Honig
Pistazien, fein gehackt (nach Wunsch
zum Garnieren)

Das Weißbrot in 6 Scheiben (je 1,5 cm dick) schneiden. Jede Scheibe von beiden Seiten kurz in Milch tränken. Darauf achten, dass die Brotscheiben nicht völlig aufweichen. Auf einen Teller legen und beiseite stellen. ★ In einer flachen Schüssel die Eier mit 100 ml Milch wie für ein Omelett kräftig aufschlagen. ★ In der Zwischenzeit das Öl in einer Pfanne auf großer Flamme erhitzen. Eine Scheibe Brot in die Eier-Milch-Mischung tauchen, etwas abtropfen lassen und vorsichtig in das siedende Fett geben. Von beiden Seiten nicht zu lange backen. ★ Außen muss sie goldbraun, innen aber noch weich sein. Die übrigen Scheiben auf die gleiche Weise zubereiten. ★ Die fertigen „Armen Ritter" auf einer Platte anrichten, mit Honig überziehen und sofort servieren. ★ Man kann sie zusätzlich mit fein gehackten Pistazien bestreuen.

Ergibt 6 Scheiben

Bulu
droo

Gewürzkuchen

. . . . . .

100 g Rosinen • 150 g Mehl
150 g Sorgho-Mehl (siehe Glossar –
ersatzweise Bulgur) • 300 g Puderzucker
¹/₂ TL Natron (in der Apotheke erhältlich)
1 Prise Salz • 1 TL Fenchelsamen
1 TL Anissamen, gemahlen • Schale einer unbehandelten
Orange • 200 ml Erdnussöl
200 ml Wasser • 50 g Sesamsamen (zur Dekoration)

Den Ofen auf 210 °C vorheizen. ★ Die Rosinen waschen und abtropfen lassen. ★ In einer Schüssel Mehl, Sorgho-Mehl (ersatzweise Bulgur), Puderzucker, Natron, Salz, Fenchelsamen, Anispulver und geriebene Orangenschale vermischen. Öl und Wasser hinzufügen und gut vermengen. Zuletzt die Rosinen untermischen. ★ Eine Kastenform mit Öl einstreichen. Den Teig einfüllen und mit einem Messer der Länge nach einkerben. ★ Im Backofen etwa 45 Minuten backen. Den Kuchen stürzen, solange er noch warm ist. Mit den Sesamsamen bestreuen.

Für 8 Personen

„Droo", eine Zutat für „bulu droo", unter dem Namen
Sorgho bekannt

Lokma
*Hefekrapfen
mit Zuckersirup*

· · · · · ·

FÜR DEN ZUCKERSIRUP

³/₄ l Wasser • 200 g Zucker
Saft einer halben Zitrone

FÜR DEN TEIG

150 g Mehl • ¹/₂ TL Salz • 50 g Butter
30 g frische Hefe • ¹/₄ l lauwarmes Wasser

¹/₂ l Erdnussöl (zum Ausbacken)

Für den Zuckersirup ³/₄ l Wasser mit dem Zucker und Zitronensaft zum Kochen bringen und ohne Deckel etwa 20 Minuten zu einem dicken Sirup einkochen. ★ Für den Teig das Mehl, Salz, Butter und Hefe in einer Schüssel vermengen. Nach und nach das Wasser hinzufügen und zu einem Teig verkneten. Mit einem Tuch bedecken und etwa 30 Minuten gehen lassen. ★ Inzwischen das Öl erhitzen. Einen Teelöffel in kaltes Wasser tauchen und damit einen guten Löffel voll Teig abstechen. Mit einem zweiten Löffel das Teigbällchen in das siedende Öl abstreifen. ★ In gleicher Weise fortfahren. Jeweils nur so viele Teigbällchen in das Öl geben, dass sie nicht zusammenkleben. ★ Die Krapfen mehrmals mit der Schaumkelle wenden. Sobald sie von allen Seiten goldgelb sind, aus dem Öl nehmen und auf Pergamentpapier abtropfen lassen. ★ Dann auf einer Platte anrichten, großzügig mit dem Sirup überziehen und lauwarm servieren.
Ergibt etwa 20 Krapfen

Atay b'nahna
Minztee

· · · · · ·

5 TL chinesischer grüner Tee
(1 TL pro Person und 1 Extra-TL für die
Teekanne) • 20 frische Minzblätter
1 l kochendes Wasser
Zucker (nach Belieben)

Die Teekanne heiß ausspülen, den Tee, Zucker nach Belieben und die Minzblätter in die Kanne geben. Das kochende Wasser darüber gießen und den Tee 2 Minuten ziehen lassen. Gründlich durchrühren und weitere 2 Minuten ziehen lassen. Ein letztes Mal durchrühren und nochmals 1 Minute ziehen lassen. ★ Den Tee in Gläser füllen. Beim Einschenken die Teekanne etwa 30 cm über die Gläser halten, damit der Tee mit Sauerstoff in Berührung kommt und so sein Aroma entfalten kann. ★ Heiß servieren. ★ In Tunesien werden vor dem Einschenken häufig noch ein paar Pinienkerne oder frische Minzblätter in die Gläser gegeben.
Für 4 Personen

Marokkanisches Teeservice für Minztee

Sellu

Gewürzpyramide

500 g Mehl • 150 g geschälte Mandeln • 3 g Gummiarabikum-Pulver
(in der Apotheke erhältliches Dickungsmittel; kann nach Wunsch auch weggelassen werden)
35 g Zucker • 150 g Sesamsamen, geröstet • 1 EL gemahlene Anissamen
1 EL gemahlene Fenchelsamen • 1 TL gemahlener Zimt • ¹/₂ l Öl • 50 g flüssiger Honig
150 g zerlassene Butter • 50 g Hagelzucker

Das Mehl in einer großen Pfanne trocken rösten. ★ In einer zweiten Pfanne die Mandeln ebenfalls trocken rösten, bis sie goldgelb sind, und einige zur Dekoration beiseite legen. Die restlichen Mandeln grob hacken. ★ Das Gummiarabikum (falls verwendet) mit dem Zucker vermischen. ★ Die gerösteten Sesamsamen grob mahlen. ★ In einer großen Schüssel das geröstete Mehl, Mandeln, Sesam-, Anis- und Fenchelsamen, Zimt, die Gummiarabikum-Zucker-Mischung, Öl, Honig und die zerlassene Butter vermengen. Alle Zutaten zu einer homogenen Masse verarbeiten. ★ Auf eine große Platte geben und zu einer Pyramide formen. Mit dem Hagelzucker bestreuen und mit den restlichen gerösteten Mandeln dekorieren.
Für 10 Personen

Cremespeise mit Feigen und Walnüssen

2 EL Maisstärke • ¹/₂ l Milch • 200 ml Orangenblütenwasser
400 g flüssiger Honig • 1 kg frische Feigen • 1 TL gemahlener Zimt
¹/₂ TL geriebene Muskatnuss • Saft von 3 Orangen
200 g Walnusskerne, grob gehackt

In einem Topf die Maisstärke in einem Teil der kalten Milch auflösen. Darauf achten, dass keine Klümpchen entstehen. Die restliche Milch und das Orangenblütenwasser hinzufügen und bei mäßiger Temperatur unter ständigem Rühren langsam erhitzen. Die Creme soll eindicken, ohne zu kochen. Zuletzt den Honig einrühren. Vom Herd nehmen und auskühlen lassen. ★ Die Feigen waschen und der Länge nach halbieren. Mit der Innenseite nach oben auf ein Backblech legen. Gleichmäßig mit Zimt und Muskatnuss bestreuen und mit dem Orangensaft begießen. Etwa 10 Minuten durchziehen lassen. Währenddessen den Ofen auf 180 °C vorheizen. Die Feigen in den Ofen schieben und je nach Festigkeit etwa 5–10 Minuten backen. ★ Die noch heißen Feigen auf einer Platte anrichten und mit der Hälfte der Orangenblütencreme überziehen. Die gehackten Walnusskerne über die Creme streuen. ★ Die restliche Creme in Dessertschalen füllen und zusammen mit den frisch gebackenen, noch warmen Feigen servieren.
Für 12 Personen

Bambaluni

Krapfen Sidi Bou Saïd

★ ★ ★ ★ ★ ★

1 kg Mehl • 3 Eier • 30 g Butter
1/2 TL Salz • 20 g frische Hefe
1,5 l lauwarmes Wasser
1 l Pflanzenöl (zum Ausbacken)
400 g Zucker (zum Bestreuen)

In einer großen Schüssel Mehl, Eier, Butter, Salz, Hefe und Wasser vermischen und mit dem Handrührgerät oder dem Schneebesen zu einem glatten Teig verrühren. Darauf achten, dass keine Klümpchen zurückbleiben. ★ Den Teig 30 Minuten ruhen lassen. ★ Das Öl bei hoher Temperatur erhitzen. ★ Mit einem Esslöffel Teigstücke von der Größe eines Eies ausstechen und in dem siedenden Öl von allen Seiten etwa 3–4 Minuten goldbraun backen. ★ Mit einer Schaumkelle aus dem Öl nehmen und auf Küchenkrepp abtropfen lassen. ★ Großzügig mit Zucker bestreuen und auf einer Platte anrichten. ★ Warm servieren.
Ergibt etwa 40 Krapfen

Orangensalat mit Zimt

★ ★ ★ ★ ★ ★

10 schöne Orangen • 100 g Zucker
100 ml Olivenöl • 2 EL gemahlener
Zimt • Minzeblätter (nach Wunsch
zum Garnieren)

Die Orangen schälen und in Scheiben (etwa 1/2 cm dick) schneiden. ★ Auf einer großen Platte wie eine Blüte fächerförmig anrichten. ★ Mit dem Zucker bestreuen und mit dem Olivenöl beträufeln. Zuletzt den Zimt darüber verteilen und nach Wunsch mit Minzeblättern garnieren. ★ Kalt servieren.
Für 10 Personen

Orangensalat mit Zimt

Asida à la crème

Grießdessert mit Geraniencreme

FÜR DEN GRIESSPUDDING
1 kg extrafeiner Hartweizengrieß • 1 TL Salz • 1 1/2 l lauwarmes Wasser

FÜR DIE CREME
1 l Milch • 200 g Speisestärke • 250 g Zucker • 50 ml Geranienwasser
(in der Apotheke erhältlich, ersatzweise eine andere Blütenessenz)

ZUR DEKORATION
50 g geschälte Pistazien • 50 g Pinienkerne

Für den Grießpudding den Hartweizengrieß in einer Schüssel mit dem Salz und 1/4 l lauwarmem Wasser sorgfältig zu einer homogenen Masse verrühren. 15–20 Minuten ruhen lassen. ★ Dann die Masse über einer großen Schüssel in ein feinmaschiges Sieb geben und kräftig durchkneten. Nach und nach das restliche Wasser hinzugießen und weiterkneten, bis sich Stärke und Wasser am Schüsselboden vollständig abgesetzt haben. ★ Die Rückstände im Sieb werden nicht mehr gebraucht. ★ Den Schüsselinhalt in einen Topf füllen und bei schwacher Hitze unter ständigem Rühren mit einem Holzlöffel so lange erhitzen, bis ein dicker Brei entstanden ist. Vom Herd nehmen und auskühlen lassen. ★ Für die Zubereitung der Geraniencreme die Milch, Speisestärke und Zucker in einem Topf gut miteinander verrühren. Mit dem Geranienwasser (nach Wunsch auch mit einer anderen Blütenessenz) aromatisieren und auf geringer Stufe langsam und unter ständigem Rühren erhitzen. Die Creme soll eindicken, ohne zu kochen. Sie ist fertig, sobald sie die Rückseite eines Holzlöffels überzieht. Vom Herd nehmen und auskühlen lassen. ★ Den abgekühlten Grießpudding in durchsichtige Dessertschalen füllen und mit der Creme überziehen. ★ Zur Dekoration die Pinienkerne und geschälten Pistazien darüber streuen.
Für 12–15 Personen

Milchreis
mit Rosenwasser

★ ★ ★ ★ ★ ★

300 g Rundkornreis • 1 l Milch
400 g Puderzucker • 50 ml Rosenwasser
Trockenfrüchte oder Datteln
(nach Wunsch)

Den Reis gründlich waschen und in einem Sieb abtropfen lassen. ★ In einem Topf den Reis mit Wasser bedeckt zum Kochen bringen und etwa 15–20 Minuten ziehen lassen, bis die Reiskörner aneinander zu kleben beginnen. ★ Milch und Puderzucker hinzugeben und unter häufigem Rühren weitergaren, bis die Masse eine feste Konsistenz angenommen hat. Von der Kochstelle nehmen, das Rosenwasser unterrühren und auskühlen lassen. ★ In Dessertschälchen füllen und servieren. ★ Je nach Geschmack kann man zusätzlich grob gehackte Trockenfrüchte und/oder in kleine Stücke geschnittene Datteln untermischen.
Für 8 Personen

Smen
*Geklärte, gesalzene
Butter*

★ ★ ★ ★ ★ ★

400 g Butter • 2 EL Salz
1 TL grobkörniger Hartweizengrieß

Zum Klären die Butter in einem Topf mit dickem Boden bei sehr geringer Hitze zerlaufen lassen. Salz und Hartweizengrieß hinzufügen und 5 Minuten beständig rühren. ★ Wenn die Butter braun zu werden droht, kurzzeitig vom Herd nehmen und die Hitze reduzieren. ★ Die Butter durch ein feinmaschiges Sieb in einen anderen Topf abgießen und unter ständigem Rühren nochmals kurz auf den Herd stellen, bis sie völlig klar ist. ★ In ein tönernes Gefäß füllen und hart werden lassen. ★ Smen hält sich im Kühlschrank etwa 1/2 Jahr lang.

Hays

Dattelkonfekt

. . . . . .

225 g Dattelpaste (im Block in
türkischen Lebensmittelgeschäften
erhältlich) • 100 ml Wasser
175 g Butterkekse, zu Brösel zerrieben
50 g geschälte Pistazien, fein gehackt
50 g gemahlene Mandeln
2 EL Sesamöl • 150 g Puderzucker
Zucker (zum Bestreuen)

Die Dattelpaste in Stücke schneiden und in einem
Topf bei geringer Hitze in dem Wasser auflösen.
Dabei mit einem Holzlöffel zu einer cremigen Masse
verrühren. Vom Herd nehmen. Die übrigen Zutaten
hinzufügen und alles sorgfältig miteinander vermischen. ★ Die fertige Masse mit den Händen Stück
für Stück zu walnussgroßen Kugeln formen. ★
Etwas Zucker auf einen Teller streuen und das Dattelkonfekt darin wenden. ★ Im Kühlschrank auf-
bewahren.
Ergibt etwa 20 Stück

Rosen-
konfitüre

. . . . . .

225 g Blütenköpfe von Duftrosen
1 kg Puderzucker • 1 l Wasser
Saft von 3 Zitronen

Die Blütenköpfe mit 1 l Wasser aufsetzen und zum
Kochen bringen. ★ Zugedeckt kochen lassen, bis
die Blütenblätter weiß zu werden beginnen. Dann
den Zucker einrühren, den Zitronensaft hinzugeben und weiterköcheln lassen, bis ein Sirup entstanden ist. Dabei immer wieder mit einer Schaumkelle den sich oben absetzenden Schaum entfernen.
★ Die fertige Konfitüre in ein anderes Gefäß um-
füllen und auskühlen lassen. ★ In Marmeladen-
gläser füllen und gut verschließen.
Ergibt 3–4 Gläser à 500 g

Rosenkonfitüre

Bonbonniere aus der Confiserie Uc-Yidiz im Beyoglu-Viertel
in Istanbul, Türkei

Bibliographie

Abu Nuwas: Diwan. Wien 1855. (Microfiche-Ausg.) München: Saur 1990–1994.

Abu Nuwas: Le vin, le vent, la vie. Traduction de V. Monteil. Paris: Sindbad 1979.

Al Nafzawi, Mohammad: La prairie parfumée ou s'ébattent les plaisirs. Traduction de René Khawam. Paris: Phébus 1976.

Bottero, J.: La plus vieille cuisine du monde. In: l'histoire, no 49, oct. 1982, pp. 72–82.

Cossery, Albert: Gohar, der Bettler (Mendiants et orgueilleux, dt.) Aus dem Französ. von Bernd Wilczek. München: Hanser 1996.

Dermenghen, Émile: Le culte des saints dans l'Islam maghrébin. Paris: Gallimard 1954.

Dernouny, M. et A. Chaoutte: Enfances maghrébines. Casablanca: Afrique Orient 1987.

Gibb, Hamilton A. R.: The Travels of Ibn Battuta a.d. 1325–1354, 3 vols. Cambridge 1958–1971 (Englische Gesamtausgabe).

Ibn al Muqaffa: Le livre de Kalila et Dimna. Traduction d'André Miquel. Éditions Klincksieck 1980.

Ibn Battuta: Reisen ans Ende der Welt, 1325–1353. Neu hrsg. von Hans D. Leicht. Stuttgart: Thienemann, Edition Erdmann 1999.

Ibn Battuta: Tuhfat al-Nussar fi Charaib al-Amsar wa Adra-ib al-Asfar. Ed. C. Defrémery et B. R. Sanguinetti. 4 vols. Paris 1853–1858. (Originalausgabe der in Paris in der Bibliothèque Nationale im Cabinet des Manuscrits aufbewahrten Handschrift).

Jouad, Hassan et B. Lortat-Jacob: La saison des fêtes dans une ville du Haut-Atlas. Paris: Seuil 1978.

Lacoste-Dujardin, Camille: Des mères contre les femmes. Maternité et patriarchat au Maghreb. Paris: Ed. La Découverte 1985.

Laoust, Emile: Noces berbères. Aix-en-Provence: Edisud 1993.

Mostagab, Mohammed Mustapha: Les tribulations d'un Égyptien en Égypte. Traduction de Stéphanie Dujols et Nashwa el Azhari. Arles: Actes Sud 1997.

Nasr-ad-Din, Hwaga: Schwänke des Hodschas Nasreddin (Lata'if, dt.) Leipzig: Insel-Verlag 1962. (Insel-Bücherei; 622)

Nasreddin Hodscha: 666 wahre Geschichten. Übers. und hrsg. von Ulrich Marzolph. München: Beck 1996. (Neue orientalische Bibliothek)

Vautier, Maguy: Paroles des Tuaregs. Paris: Albin Michel 1997.

Weil, Gustav: Tausend und eine Nacht. Arabische Erzählungen (Alf laila wa-laila, dt.) Neuausgabe. Essen: Phaidon-Verlag 1997.

Glossar

ERDNUSSÖL: Zum Ausbacken oder Frittieren des orientalischen Gebäcks wird Erdnussöl verwendet, weil es geschmacksneutral ist und sich besonders stark erhitzen lässt.

KONAFA: Dieses auch *kunafa* oder *ktaïf* genannte Gebäck sieht aus wie sehr dünne Fadennudeln. Es wird gewöhnlich mit heißer Butter getränkt und mit Sirup überzogen. *Konafa* kann man selbst herstellen oder in 500-g-Päckchen abgepackt in türkischen Lebensmittelläden kaufen.

MANDELN UND NÜSSE RÖSTEN: Auf dem Herd: Mandeln werden vor dem Rösten blanchiert und abgezogen. Die Mandeln oder Nüsse in eine trockene beschichtete Pfanne geben. Bei Mittelhitze hin- und herrütteln oder mit einem Holzlöffel umrühren, bis sie zart gebräunt sind. Das dauert 2–3 Minuten. Aus der Pfanne nehmen und abkühlen lassen.
Im Ofen: Den Backofen auf 190 °C vorheizen. Die abgezogenen Mandeln oder die Nüsse in einer dünnen Schicht auf einem Backblech verteilen. Im Ofen 5–8 Minuten hellbraun rösten, dabei ein- bis zweimal wenden.

ORANGENBLÜTENWASSER: Mit diesem, aus den duftenden Blüten der bitteren Sevilla-Orangen oder Pomeranzen destillierten Wasser werden im Orient Kuchen, Süßspeisen und Getränke aromatisiert. Man bekommt es in Geschäften, die Lebensmittel aus dem Vorderen Orient führen, aber auch in Feinkostabteilungen großer Kaufhäuser sowie in Apotheken.

PHYLLOTEIG: *Phyllo* (auch *filo* geschrieben) ist das griechische Wort für Blatt. Die hauchdünnen Phylloteig-Blätter werden in Griechenland, der Türkei und dem Vorderen Orient für süße und pikante Backwaren verwendet. Sie sind ein guter Ersatz für *ouarka* oder *malsouqua*, die nordafrikanischen Teigblätter, aus denen Pasteten und süßes Gebäck wie *b'stila, brik, briuat* oder *baklava* hergestellt werden. Phylloteig bekommt man frisch oder tiefgefroren in griechischen Lebensmittelgeschäften. Die in türkischen Geschäften häufig angebotenen Yufka-Teigblätter sind etwas dicker und eignen sich daher nicht ganz so gut, können aber ersatzweise auch verwendet werden. Tiefgefrorenen Phylloteig legt man über Nacht in den Kühlschrank oder lässt ihn zwei Stunden bei Zimmertemperatur stehen. Richtig aufgetauter Phylloteig sollte weich und biegsam bleiben. Bei der Arbeit bedeckt man den Teig mit einem feuchten Tuch oder mit Plastikfolie, da er an der Luft rasch austrocknet und brüchig wird.
Wer den Teig selbst herstellen möchte, kann nach folgendem Rezept verfahren:
Aus 900 g Mehl, 2 TL Salz und 1/2 l lauwarmem Wasser einen glatten Teig rühren. Dann den Teig mit der Hand 5–10 Minuten kneten, bis er einen weichen,

etwas klebrigen Ball bildet. Nacheinander 4 EL Olivenöl zugeben, dazwischen gründlich kneten. Etwa 25 Minuten weiterkneten, bis der Teig glatt und glänzend ist. Den Teig mit Folie abgedeckt mindestens 2 Stunden bei Zimmertemperatur ruhen lassen. Dann in 20 gleich große Stücke teilen und jedes zu einer Kugel formen. Die Teigkugeln nacheinander auf einem mit etwas Stärkemehl bestreuten Küchentuch zu kreisförmigen Blättern von etwa 20 cm Durchmesser ausrollen. Die Blätter übereinander stapeln, dazwischen jeweils ein Blatt Pergamentpapier legen. Den Stapel mit einem Tuch bedecken und 30 Minuten ruhen lassen. Dann die einzelnen Teigblätter behutsam über beide Handrücken auseinander ziehen, bis sie hauchdünn sind. Die dicken Kanten abschneiden. Der Teig trocknet so schnell aus, dass jede Lage sofort mit zerlassener Butter bepinselt werden sollte, bevor die nächste ausgezogen wird.

REISMEHL: Dieses sehr feinpudrige Mehl wird aus weißem Reis hergestellt und hauptsächlich für Backwaren verwendet.

ROSENWASSER: Es fällt bei der Dampfdestillation von Rosenöl ab, das vor allem aus Damaszenerrosen gewonnen wird. Das in der Küche verwendete Rosenwasser ist stark verdünnt, duftet aber dennoch sehr intensiv. Es wird zum Aromatisieren von Süßspeisen und Sirup verwendet. Da sein Aroma so intensiv und auch gewöhnungsbedürftig ist, sollte man es sparsam dosieren. Rosenwasser bekommt man in Geschäften, die Lebensmittel aus dem Vorderen Orient führen, manchmal auch in Feinkostabteilungen großer Kaufhäuser sowie in Apotheken.

SAMEN RÖSTEN: Alle Unreinheiten auslesen. Eine gusseiserne oder beschichtete Pfanne erhitzen und die Samen bei Mittelhitze unter ständigem Rühren rösten, bis sie einen kräftigen Duft verströmen. Beiseite stellen und abkühlen lassen. Größere Samenmengen im Ofen rösten wie Nüsse, siehe oben.

SESAMSAMEN: Ein häufiges Gewürz für orientalische Süßspeisen, das sowohl unter den Teig gemischt als auch zur Dekoration auf Gebäck und Desserts gestreut wird. Ungeschälte Sesamsamen sind hellgelb, geschälte, die etwas milder schmecken, sind weiß. Beide werden verwendet. Oft werden die Samen auch vorher geröstet (siehe oben), was ihnen ein nussartiges Aroma verleiht.

SORGHO-MEHL: Dieses auch *droo* genannte, in Nordafrika, dem Vorderen Orient sowie in China (dort unter dem Namen *kaoliang*) verwendete Mehl wird aus den Körnern einer mit der Hirse verwandten Getreidepflanze gemahlen, der so genannten Mohren- oder Kaffernhirse. Sorgho-Mehl wird gewöhnlich für Brei und Dessertspeisen sowie für Kuchen und ungesäuertes Fladenbrot verwendet. Es ist in türkischen und asiatischen Lebensmittelläden erhältlich. Anstelle von Sorgho kann auch Bulgur, das diese Läden ebenso führen, verwendet werden.